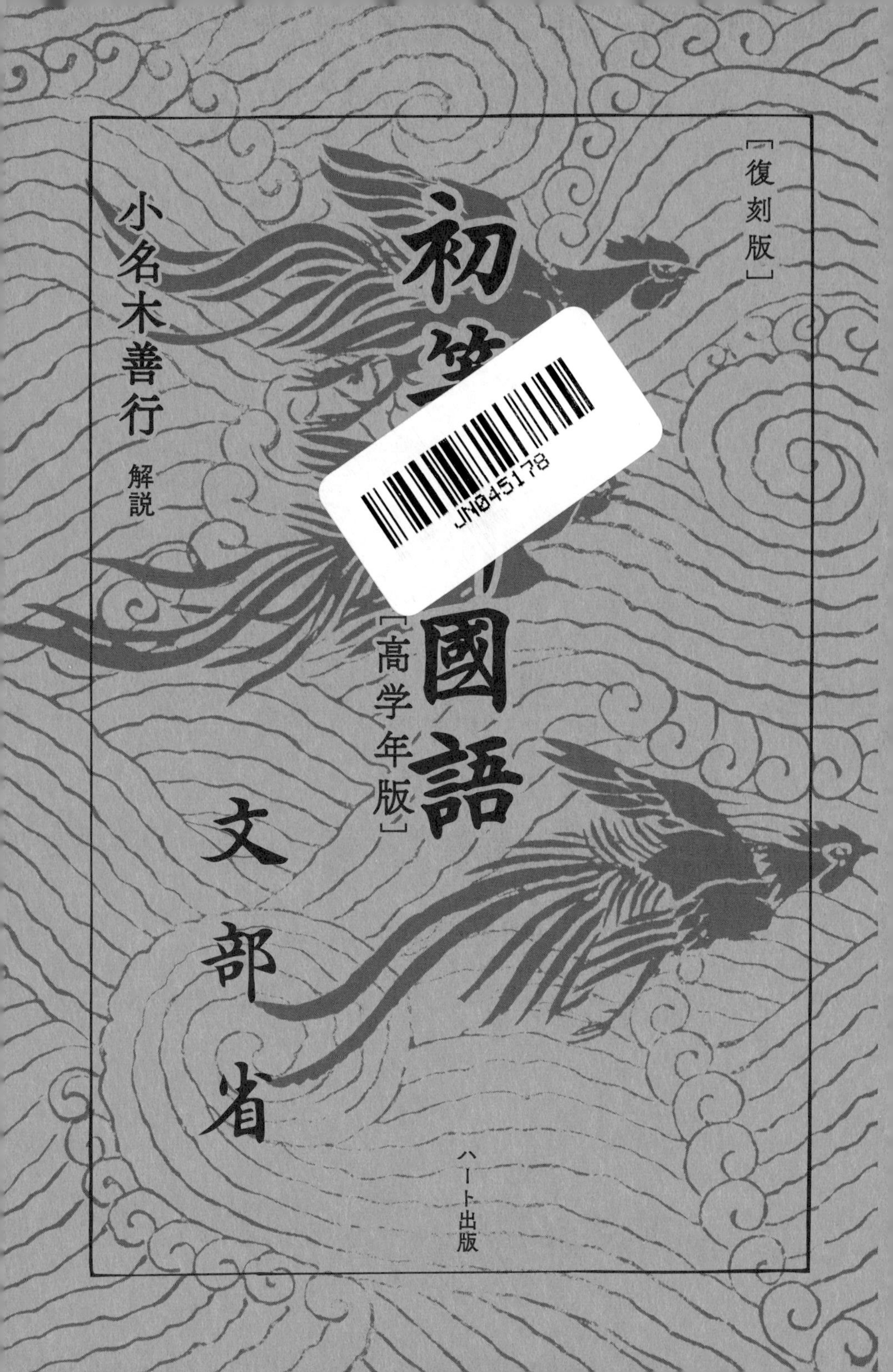

〔復刻版〕

初等科國語

〔高学年版〕

文部省

小名木善行 解説

ハート出版

〔復刻版〕

初等科国語

高学年版

目録

初等科国語　五　（五年生用）

初等科国語 六（五年生用）

初等科国語　七（六年生用）

初等科国語 八 （六年生用）

凡例

一、本書は、文部省著『初等科国語』五～八（昭和十七～十八年発行）を底本としました。

一、原則として、旧字は新字に改めました。

一、原則として、古典、短歌・俳句を除き、旧仮名遣いを新仮名遣いに改めました。

一、原則として、当時の外来語は、今日一般的に使用されている表記に改めました。

一、原則として、漢字片仮名交じり文は、漢字平仮名交じり文に改めました。

一、鉤括弧内末尾の句点は除きました。

一、明らかな誤植は修正しました。

一、新しく学習する漢字一覧は省略しました。

一、巻末に、「用語説明」と、小名木善行氏による「解説」を追加しました。

〔編集部より〕

当社で復刻を希望される書籍がございましたら、本書新刊に挟み込まれているハガキ等で編集部まで情報をお寄せください。今後の出版企画として検討させていただきます。

初等科国語　五

一　大八洲（おおやしま）

この国を　神生みたまい、
この国を　神しろしめし、
この国を　神まもります。

島々　かず多ければ、
大いなる　島八つあれば、
国の名は　大八洲国。

厳として　東海にあり。
日の出ずる　国にしあれば、
日の本と　ほめたたえたり。

島なれば　山うるわしく、
島なれば　海めぐらせり、

山の幸　海幸多く。

海原に　敷島の国、
青山に　こもる大和（やまと）、
春秋の　ながめつきせず。

大神（おおみかみ）授けたまいし、
稲の穂の　そよぐかぎりは、
あし原の　中つ国なり。

黒潮の　たぎるただなか、
大船の　通いもしげく、
浦安（うらやす）の　国ぞこの国。

浦安の　安らかにして、
天地（あめつち）と　きわみはあらず、

細戈　千足の国は。

二　弟橘媛

日本武尊、相模の国より御船にて上総へ渡りたまふ。にはかに風起り波たちさわぎて、御船進まず。従者みな、船底におそれ伏したり。尊に従ひたまへる后、弟橘媛、「これ海神のたたりなるべし。かくては御命も危からん」と思ひたまひて、尊に申したまふやう、

「われ、皇子に代りて海に入り、海神の心をなだめん。皇子は勅命を果して、めでたくかへりごと申させたまへ」

と申したまひて、すがだたみ八重、皮だたみ八重、きぬだたみ八重を波の上に敷きて、その上におりたまへり。

はたして荒波おのづから静まりて、御船は進むことを得たり。

七日ののち、后の御櫛（おんくし）ただよひて海べに寄りぬ。尊、これをおさめて、后のみはかを作らせたまふ。

東国の賊を平げて、尊、西へ帰りたまふ時、相模の足柄（あしがら）山を越えたまふ。はるかに海を望みたまひて、

「あづまはや」

とのたまひぬ。これよりのち、このわたりを広く「あづま」といふとぞ。

三　木曾（きそ）の御料林

神宮備林

皇大神宮は、二十年ごとにあらたに御殿舎を御造営になり、そのたびに正遷宮（しょうせんぐう）の御儀が行われる。

この御儀は、天武天皇の御時に定められ、第一回の大典は、持統（じとう）天皇の御代に行われた。昭和二十四年は、第五十九回の正遷宮に当るが、実に一千二百有余年の歴史を重ねている。

あらたに御殿舎を御造営になる用材は、もと伊勢（いせ）の神路（かみじ）山・高倉（たかくら）山などから伐り出されてい

たが、織田信長が、木曾の森林から伐採して奉ったことがあり、その後百年余りたって、それが例になるようになった。明治の大御代から昭和の今日まで、御遷宮に際しては、かならず木曾から御用材を奉ることになっている。

神宮の御殿舎は、すべて檜の白木造りであるから、御造営に要する檜の数は、一万二千本に近く、しかもすべてえりすぐった良質のものである。こうした檜は、一朝一夕に得られるものでなく、したがって、つねに大木を保護するとともに、植林によって、あとからあとから育てて行くようにしなければならない。

明治三十七年、明治天皇は、特にこのことに大御心をかけさせられ、そのおぼしめしによって、木曾の御料林中に、神宮備林が定められることになった。以来、神宮御造営の用材は、永久につきる心配がなくなったのである。

この神宮備林は、木曾川の上流が、白い御影石の川床をかんで流れる木曾谷の左右の山々にある。

今、中央線の上松駅で汽車をおり、森林鉄道に乗りかえて、木曾川の支流にそいながらさかのぼって行くとする。しばらくは、切りそいだようながけの下の青い淵や、勢こんで流れる水の清さに、目をうばわれるのであるが、やがて、左右を取り巻く山の木々に、われわれは目を移すようになる。窓の外のけしきは変っても、山から山へ続く生い茂ったみどりの森林は、つきることがない。何という森林のつらなりであろうとおどろくころは、まだ御料林のほんの入口へはいったばかりなのである。

このようにして、山を分けながら谷間をのぼって行くと、やがて標高千百五十メートルの中立（なかだち）神宮備林に着く。ここは、昭和十六年六月三日、神宮御造営用材中いちばんだいじな、内宮（ないくう）・外宮（げくう）の御神木を伐り出したみそまはじめ祭の行われたところである。

みそまはじめ祭

青々と大空をおおう檜の大木が、美しい柱のように立っている中立神宮備林の朝である。やまがら・こまどり・うぐいすなどの鳴き声が、谷川の音にまじって聞えて来る中を、今日のみそまはじめ祭の盛儀を拝観する人々の列が、林の間の細道伝いに次から次へ続いて行く。

しめなわ・まん幕を張りめぐらした祭場は、檜のあら木造りで、内宮・外宮の御神木の前に南面して作られている。

木の間からもれる初夏の光に、まばゆくかがやく祭場の東から南へかけた林の傾斜面は、拝観者や、青年学校・国民学校の生徒などで、うずめつくされている。深山の霊気に打たれて、だれ一人静けさを破る者はない。きちんと姿勢を正して、祭典の始るのを待っている。

午前十時、最初の太鼓が、あたりの静けさを破って鳴らされる。それを合図に、身も心も清めに清めて、ひたすら今日を待っていた奉仕員たちは、目にしみるばかりの真白な斎服を着て、定めの場所へ集って来た。

やがて第二の太鼓が山全体に響き渡って、儀式に使われるいろいろな祭具が運ばれる。最後の太鼓が打ち鳴らされると、奉仕の人々は、はらい所に並んでおはらいを受け、祭具やお供えものをささげて、静かに祭場へ進んで行く。

祭場には、中央と四すみに、五色の幣がこうごうしく立てられている。大麻を振って祭場が清められ、おごそかに祝詞が読まれる。

いよいよ、御神木伐り始めの御儀に移った。

奉仕員は、おのを取って御神木の前方南寄りに進み、大麻でおはらいをする時のように、左右左と三たび、御神木の根もとへ向かっておのを打ち込む。おの入れを終って、奉仕の人々は、一拝して静かに祭場を退出した。

内宮・外宮の御神体を奉安する御神木伐り始めの御儀は、かくて終ったのである。

しめなわでかざられた、樹齢（じゅれい）二百数十年に及ぶ二もとの御神木を仰げば、天を指してすくすくと生い立つ幹は長く、はるかに冠（かんむり）のような梢をいただいているのが見られる。十万五千町歩にわたる木曾の御料林中、最良の檜である。

午後になって、この御神木は、さらに白衣を着た十四名のえり抜きのそま夫たちによって、伐られて行った。

伐り方は古式にしたがって、御神木の根もとへとぎすましたおのを、はっしと打ち込むのである。しわぶきの声一つしない、神代さながらの山中は、しばらくの間、打ち入れるおのの響きのこだまで満たされる。一打ちごとに、三つの切口から清らかな木のはだが現れる。

伐り倒された御神木は、用材の長さに切られ、六十名の運材夫によって木馬に乗せられ、木馬道を静かに運ばれて行く。運材夫が声高く歌う木やり歌は、中立神宮備林の森厳な空気を明かるくふるわせて、いつまでも響き渡った。

四　戦地の父から

今日鏡をのぞいて、「おや」と思わず顔をなでまわした。

「これでは、義男たちが見ても、おとうさんとは気がつくまい」

と思われるほど日にやけた真黒な顔に、ぼうぼうとひげが延びている。

戦闘が一段落ついたので、今日は久しぶりの休養だ。おとうさんたちは、鏡に向かって子どものようにはしゃぎながら、ひげそりにむちゅうになっている。しゃりしゃりと、かみそりの音が気持よく響くたびに、ひげの中からおとうさんの顔が現れて来る。もうこれで南洋の住民と見まちがえられる心配はなくなった。

敵前上陸をして、敵陣へ突撃する時にも、熱帯の大きな木やかずらがからみついている密林を、へとへとになって進んで行く時にも、おまえたちの顔が、ふと目の前に現れて、

「おとうさん、しっかり」

とはげましてくれた。そのたびに、からだ中に力がわき起って、日本の軍人として、恥ずかしくない御奉公をすることができた。

朝夕、武運長久を祈ってくれるおまえたちの真心が、数千キロの海山を越えて、おとうさんの心に通っているのだ。おとうさんは、いつも、おまえたちといっしょに、戦争をしているの

だと思っている。

ひげをそったあとのさっぱりした気持で、持物をせいとんしていると、背嚢（はいのう）からおまえの手紙が出て来た。たびたび激しい戦をしたのに、よくもなくならなかったものだと思いながら、もう一度読み返してみる。すると、

「だれからの手紙だ。ちょっと見せてくれ」

と、そばにいた戦友が、おまえの手紙をひったくるようにして読み始めた。

「義男くんは、何年生かい」

「国民学校の五年生だ」

「五年生。ぼくは中学生かと思った。えらい子だ」

と、心から感心して、おとうさんをうらやましそうに見ていた。

おとうさんの留守（るす）中、おかあさんを助けて、家の仕事に精を出したり、くに子や、ひさ子の世話をよくしてくれたりすることを、おかあさんからの手紙で知って、おとうさんはうれしくてたまらない。

この手紙を書いていると、あたりが急に暗くなった。大雨だ。スコールといって、こんな大雨が毎日きまったように降る。はだかの兵隊さんたちが外へとび出して、うれしそうに雨水を浴びている。

スコールの通り過ぎたあとには、熱帯の盛んな植物のみどりというみどりがすっかり洗われて、よみがえったようになる。

おとうさんたちは、赤むらさき色のマンゴスチンを、真二つに割ってたべる。白い実を舌の上にのせると、すっととけて、上品なあまさが口に残る。おまえにもぜひ一つと思うのだが、これぱっかりは送りようがないのが残念だ。

　皇御国（すめらみくに）のもののふは、

と、一人の戦友が突然歌いだすと、ほかの戦友たちも声をそろえて、

　いかなることをか務むべき。
　ただ身にもてる真心を、
　君と親とにつくすまで。

と歌う。おとうさんは、静かに目をつむって、歌声に耳を傾ける。今まで、おとうさんたちが勝ちぬいて来た激戦の数々の場面が、走馬燈のように次から次へ思い出される。そうして、こ

の歌の一句一句が、腹の底にしみ入るように思われる。

あすからは、また新しい戦闘の準備にかかるのだ。おとうさんを始め、部隊の者はみんな元気だ。戦陣衛生も行きとどいているから、おまえたちの心配するような病気には、だれ一人かかっていない。

住民たちも、心から日本軍になついて、大東亜の建設に協力してくれている。日本語が習いたいといって、おとうさんたちのところへ、毎日何人となくやって来る。

おまえたちは、おとうさんたちのあとつぎなのだ――ということを、しみじみと感じる。おまえたちが大きくなるのを、広い南洋の天地と、たくさんの住民たちが、手をひろげて待っている。家のお手伝いをしながら、一生けんめいに勉強することだ。

五　スレンバンの少女

一

マレーの英軍を急追し、所在に撃破しながら南下する皇軍が、スレンバンの町にはいった時のことです。

「皇軍来たる」の報を聞くと、附近の密林やゴム園の中にかくれていた住民たちも、安心して町へ帰って来ました。マレー人・支那人・インド人たちは、勇ましい日本の兵隊さんを喜んで迎えました。

その中にたった一人、色のあまり黒くない、十歳ぐらいのかわいい少女が、日の丸の旗を振りながら、

「万歳。万歳」

といっているのが、兵隊さんたちの目を引きました。

「あ、日本人がいる」

「日本の女の子だ」

兵隊さんたちはそう思うと、これもうれしそうに、にこにこしながら、

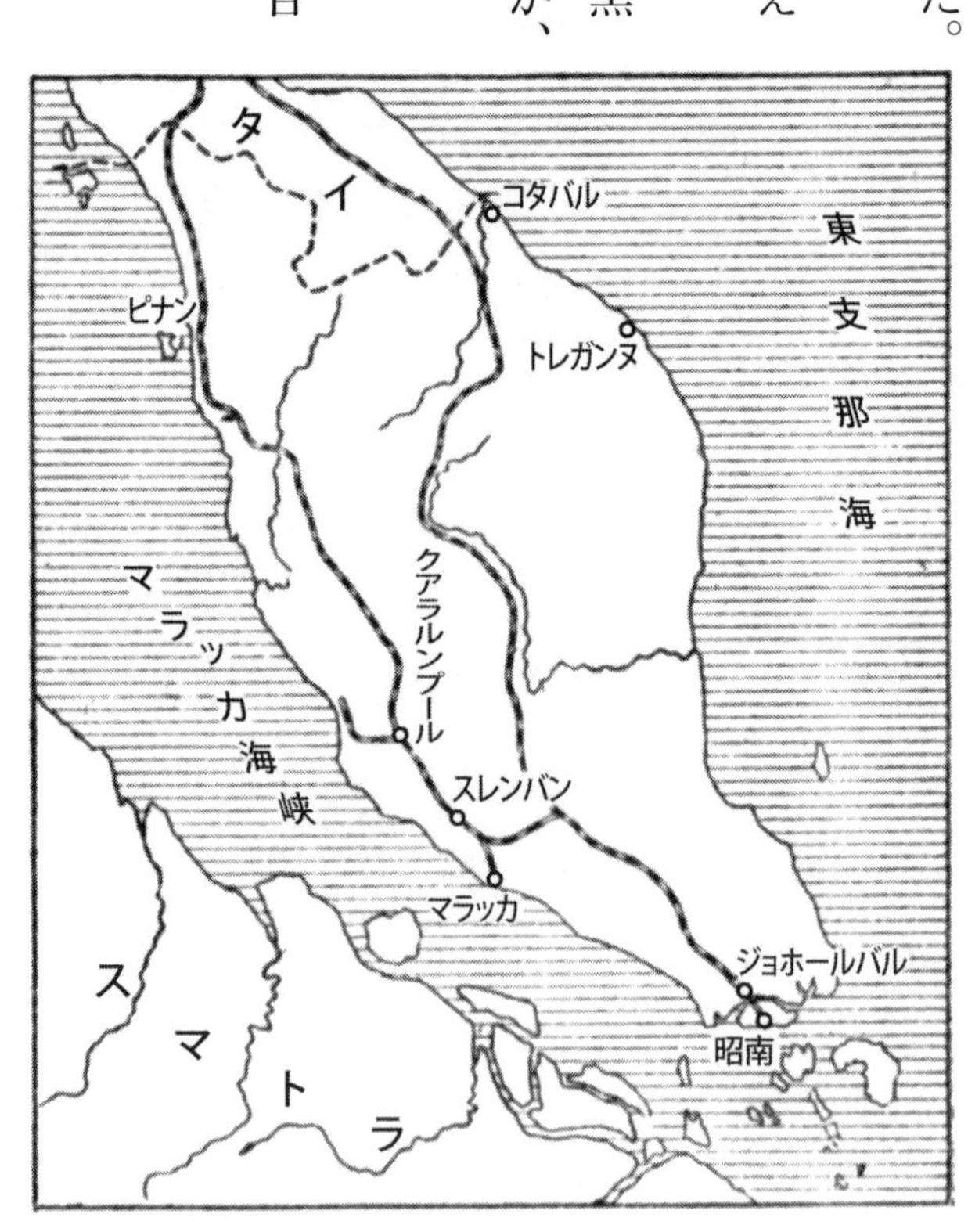

「万歳。万歳」

といいました。

「日本人は、あなた一人か」

と、聞く兵隊さんもありました。

二

少女は、この町の雑貨商の娘で、父はインド人でしたが、母は日本人でした。土地の学校へ通っているかたわら、母親から日本語を教えられ、日本には天皇陛下がいらっしゃること、日本人は陛下の赤子であること、日本には富士山というりっぱなお山があることなどを、いつも聞かされていました。そうして、毎朝母といっしょに、お写真を拝むことにしていました。

「日本の子どもは、みんなお行儀がいいのです。富士山のようにりっぱです。あなたもお行儀をよくしないと、日本の子どもに笑われますよ」

と、母はよくこういいました。

三

大東亜戦争が始ると、母は日本人であるというので、敵の官憲からにらまれ、ある日、突然

インド人の巡査が来て、母に同行を求めました。娘のいるのを見て、巡査は、

「この子もいっしょだ」

といいます。母は、きっぱりと、

「この子は、日本人ではありません」

といいました。

「あなたの子なら、日本人ではないか」

「いいえ、違います。私の子ではありません。この子は、父も母もインド人です。私は、この子の継母です」

インド人の子と聞くと、インド人の巡査はようすを変えました。そうして母親に、

「さあ、行こう」

とせきたてました。

「ちょっと待ってください」

母はそういいながら、巡査を拝むようにして、娘を一間へ呼びました。

母は、子をだきしめました。

「おかあさん」

母は、子にほおずりをしました。この子を今手ばなして、またいつあえるでしょう。

「おかあさんは、あの人といっしょに行かなければなりません。病気をしないで、元気で待っていなさい。たとえ、十年たっても二十年たっても、わたしはきっと帰って来ますから――それから、日本の兵隊さんは、かならず勝ってくれます。兵隊さんたちがこの町へ来たら、戸だなの中にあるお米や、かんづめや、ビールや、みんな出してあげてください。いま一つ――日の丸の旗が作ってあるから、あれを振って、万歳万歳といって迎えるのですよ」

ここまでいうと、母はこみあげて来る悲しさにことばも止って、机の上へつっぷしました。

「おかあさん」

子は、もう一度母を呼びました。母は涙をふいて立ちあがり、娘の手を取ってお写真の前に立ちました。

二人は、万感をこめて最敬礼をしました。母は、戸だなから二本の日の丸を取り出し、一本を娘に与えて、ふたたびお写真の前に立ちました。

親と子と「万歳」の一こと。子はそのまま泣き倒れてしまいました。しばらくして顔をあげると、巡査のあとについて出て行く母の後姿がちらと見えたきり、あとは涙にぼっとして、何が何やらわかりませんでした。

四

大東亜戦争は、一面にことばの戦です。一たび占領地へはいれば、ことばが通じないかぎり、手も足も出ません。

たった十一歳、内地なら国民学校四年生のこの少女は、その後、皇軍のある部隊の通訳を命じられました。

その隊は、この地方の鉄道の復旧工事に当りました。隊長以下何百の将兵と、マレー人・インド人の鉄道従業員たちの先頭に立って、少女は、たくみに日本語・英語・マレー語・インド語を使いわけながら、りすのように活動しました。

隊長は、自分の子のようにかわいがりました。兵隊さんたちともみんな、仲よしになりました。

「おかあさんに別れて、さびしいかね」

と、兵隊さんが肩をたたくと、

「天皇陛下がいらっしゃるから、さびしくありません。兵隊さんといっしょに仕事をすることは、お国のために孝行です」

といいます。「お国のために忠義です」と教えても、「いや、孝行です」といって、なかなか聞かないそうです。

六　晴れたる山

すがやかに晴れたる山をあふぎつつわれ御軍の一人となりぬ
父母の国よさらばと手を振ればまなぶた熱しますら男の子も
あふぎ見るマストの上をゆるやかに流るる雲は白く光れり
江南のしらじら明けを攻め進むすめら御軍うしほのごとし
蘇州(そしゅう)までさへぎる山も岡もなしはるばるとかすみ水牛あゆむ
わらべらはちひさき笑顔ならべつつ兵に唱歌をそはりてゐる
白々とあんずの花の咲き出でて今年も春の日ざしとなりぬ

七　ことばと文字

私たちが、うれしいなと感じたり、えらいなと感心したり、何かすばらしいことを思いついた時などには、そのことを、おとうさんや、おかあさんや、先生や、お友だちに早く知らせたいと思います。

そんな時、

「おとうさん、ぼく、みんなで海へ行って、ほんとうに愉快でした」

「おかあさん、あの人は、えらいことをしたものですね」

「先生、この間から、いろいろ考えていたのですが、とうとうこんなものを作りました」

「本田くん、おとうさんといっしょに山のぼりをして、ほんとうにおもしろかったよ」

といって、自分の気持を伝えます。

このように、話しかける相手が目の前にいる時は、ことばを口に出して、思っていることを伝えますが、離れていて直接話ができないような時には、手紙や文に書いて知らせます。こうして話しかけると、話しかけられた人たちも喜んで返事をしたり、いろいろなことを話したりしてくれます。それは皆、おたがいに話したり、書いたりすることばや、文字がよくわかるからです。もし、私たちの話すことばや、書く文字が、まったくわからない外国人であったら、いくら話してみても、どんなりっぱな手紙を書いてみても、決して心持が通じ合うようなことはありません。日本人である私たちは、いつもこのように、わが国のことばと文字のおかげをこうむっているのです。

自分の思っていることを、話したり書いたりして、すっかり相手にわかってもらった時ほど、うれしいことはありません。また、いろいろなお話を静かに聞き、書かれたものをくり返し読んで、ことがらや心持がよくわかった時は、同じように喜ばしいものです。このように、ことばと文字は、私たちの心を楽しくしてくれます。

私たちが、心の中で考えたり感じたりしていることを、ことばで話してみると、その考えや感じが、心の中で思っていた時よりも、はっきりして来ます。更に、ことばで話したことを文字で書き表しますと、今まで気づかなかった考えの不足や、感じ方の浅さがはっきりわかって、自分の考えや感じを、いっそうくわしくし、深くして行くことができます。よく、

「わかっているから、話さなくてもいいよ」

という人がありますが、そんな人は、まだまだことばや文字のありがたさを知らない人です。わかっていると思ったことでも、話したり書いたりして、始めてほんとうにはっきりするのです。

ことばと文字は、いわば心の中を写し出す鏡であります。ただ、ことばは、思ったことを声

でいい表すのですから、それは聞いている人の心にだけ残ります。それに引きかえ、文字に書き表したものは、どこへでも伝わり、いつまでも残りますから、それを読むすべての人たちに、場所が違っていても、時代がへだたっていても、ちゃんと心持を伝えることができます。

文字で書き表す場合には、書いたものを何べんも読み返して、消したり書き足したりして、自分の考えを、できるだけわかりやすく書き表すことができます。しかし、ことばで話す時には、一々ことばを深く考えたり、いいまわしを工夫したりするひまがありません。それで、とかくことばがおろそかになりがちです。それでは困りますから、いつも話すことばに注意して、文字で書くのと同じような心がけを持つことが大切であります。

いくら美しい文字で文を書いても、うそいつわりの心持を書いたのでは、だれも感心して読まないように、どんなにかざったことばで話しても、真心がこもらなければ、少しも聞く人々を感心させません。これと反対に、りっぱな心持が正しいことばで書かれてあれば、その文を読む人々が、心から感動するように、真心を正しいことばで話せば、聞く人たちは、喜んでいつまでもその話に耳を傾けます。

私たちは、文字を正しくきれいに書き、りっぱなことばで話すことを忘れてはなりません。そうすることが、昔から伝わっているだいじな私たちの国語を、ますますりっぱにみがいて行くことになるのです。

八　海の幸

沖の方は、白くもやでかすんで、見通しがきかない。日の出前の海は、油でも流したように静かである。ばさっばさっと、波が足もとで軽く音をたてている。あたりはまだほの暗く、明けきらない港の朝の風は、頬（ほお）をここちよくなでて通る。

「ボー」と、力強い汽笛が、突然この静かな港の空気をゆり動かす。その音が、港を両手でだきかかえるように取り囲んでいる裏の山々にこだましながら、長く尾を引いて消えて行く。

左手の山の頂が、銀のように白く光り始めると、どす黒かった海面が、にぶい光線を反射する。

折から、「パンパン」と白い煙の輪を吐きながら、乳色のもやを破って、漁船が真直に近寄って来る。これを合図に、今まで眠っていた港の船が、急に目をさ

まし始める。

海面から立ちのぼっていた白いもやが、薄れて行って、山の頂に横たわる雲が、黄にくれないにかがやき渡ると、はるかな海の上をおおっていたもやも消えてなくなり、太平洋のかなたから押し寄せて来るみどりの波が、きらきらと光りだす。

帆柱に旗を立てた漁船が、港へはいって来たのをきっかけに、二隻・三隻と続いて港へはいって来る。母親に子どもがすがりつくように、今はいって来たばかりの漁船をめがけて、ぎいぎいと櫓(ろ)の音もすがすがしく、たくさんの小舟が近づいて行く。漁船のかたわらに、小舟がぴったり寄りそうと、

「えんさらほい、えんさらほい」

と掛声にぎやかに、日にやけた漁夫たちが、遠くの海から取って来た数々の海の幸を、漁船から小さな舟に移す。小型の潜水艦を思わせるような、まるまると肥えたまぐろ、細長い魚雷のようなかじきまぐろ、大きなさめ——その白い腹が朝の太陽に光り、ひれが力強くぴんと左右に張っている。このまぐろや、さめをのせた小舟は、大急ぎで岸の魚市場をめざしてこぎ帰って行く。

魚市場の広いたたきの上を、鉢巻をした若者が、大きな魚をてんびん棒につるしたり、手押車にのせたりして、威勢よく右へ左へ運んで行く。見る見るまぐろもさめも、次から次へ行儀

よく並べられる。

大きな魚にまじって、小型の爆弾のようなかつおが置かれ、ついさっきまでぴちぴちとはねていたような、六七十センチもある鯛が、つやつやした桜色のはだに、むらさきの星をきらめかしている。その間にまじって、帯のようなたち魚が、いくつもいくつも横たわっているのは、めずらしい見ものである。

四角な箱の中には、近くの海で取れたあじやさばが、青光のする新鮮な色を見せ、まるいおけの中には、いかが折り重なって、今にもちゅっと塩水を吹き出しそうである。この魚の行列の間を、市場の人たちと魚問屋の若者たちが、いそがしそうに右往左往している。

荷作り場では、まぐろやさめの腹をさいて、氷を入れて送り出す者や、木箱にぎっしり氷といっしょにつめて、荷作りする者や、まるで戦場のようないそがしさである。新鮮をたっとぶ魚の取引きをする魚市場の朝は、見るからにきびきびとして、威勢がよい。「ブッブー」と、けたたましい警笛の音をあとに残して、荷作りされた魚の箱を山のように積んだ貨物自動車が、魚市場を出て行くのは、それから数分ののちである。

太陽があかあかと四方の山々を照らし、波が静かなうねりに変って沖から押し寄せるころになると、あれほど活気に満ちて生きもののように活動していた魚市場も、ひっそりと静まり返って、またあすの朝を待つのである。

ちょうどそのころ、港のあちらこちらにもやいしている漁船からは、朝げの煙が波の上に影を落しながら、ゆっくりと立ちのぼる。

九　軍艦生活の朝

東の空が明かるくなると、今まで軍港のやみに包まれていた軍艦の壮大な姿が、だんだん現れて来る。後甲板（こうかんぱん）には、当直将校の姿が見え、艦橋には、望遠鏡を持った掌信号兵が遠くを見張っている。舷門には、銃を手にした番兵があたりを警戒している。千何百人の乗員は、なお安らかな眠りを続けているのであろう。艦内は深山（みやま）のような静かさである。

人の顔がやっと見分けられるようになったころ、時鐘番兵がことことと後甲板に来て、「総員起し五分前」と、当直将校に報告する。軍艦の起床時刻は、夏は五時、冬は六時である。間もなく、甲板士官や伝令員が起きて来る。副長はもう上甲板に出て、今日の天気はどうかと空を眺めている。

やがて午前五時の鐘が鳴ると、当直将校が元気のよい声で号令を掛ける。

「総員起し」

この号令で、朝の静かさがたちまち破られ、起床ラッパは勇ましく響き、伝令員は号笛を吹きながら、「総員起し」と呼んで、つり床の間をぬって行く。すると、乗員は一度にとび起きて、手早くつり床をくくる。これから号令が次々にくだる。それにつれて、つり床は正しく一定の場所に納められる。すべての窓や出入口は開かれる。これらの仕事は、家で毎朝起きると、まず夜具をかたづけ、雨戸をくるのと変りはないが、千何百人の乗員が号令に従って規律正しく活動するさまは、いかにも目ざましい。

何分かのうちに、もう艦内はすっかりせいとんする。

そこで五分間の休みがあって、露天甲板洗いとなる。これは水兵員の受持である。

「両舷直、整列」

のラッパが一きわ高く響き渡ると、はだしのままの水兵員が、後甲板にはせ集ってずらりと整列する。まもなく、当直将校から威勢のよい号令がかかる。

「露天甲板洗え」

水兵は、くもの子を散らすように八方へ散って、かいがいしくズボンをまくりあげ、身軽な姿になって、分隊ごとに甲板洗いを始める。下士官が、甲板の吐水口からふき出る海水を、おけに汲んでどんどん流すと、洗いばけを持った何十人の水兵が、甲板をこすりながら頭を並べて進んで行く。

甲板洗いがすむと、

「顔洗え」「たばこぼん出せ」

の号令がくだる。そこで始めて乗員は顔を洗う。そのうちに上陸員が帰艦する。あちらこちらで、「おはよう」がいいかわされる。火なわ一本のたばこぼんのまわりには、人の山ができて、いろいろの話が出る。笑い声も起る。まもなく、食事のラッパが響く。一時間余りも活動したあとであるから、食事のうまいこと。

午前八時になると、艦尾の旗竿に軍艦旗があげられる。「君が代」のラッパが奏され、衛兵隊はささげ銃の敬礼を行い、艦長を始め乗員一同は、皆、姿勢を正して軍艦旗に敬礼する。朝日にかがやく軍艦旗が、海風にひらめきながらしずしずとのぼって行くさまは、まことにおごそかである。

軍艦旗を仰いで、心の底まで清められた乗員は、これから訓練に取りかかるのである。

十　武士のおもかげ

雁（がん）のみだれ

八幡（はちまん）太郎義家、関白頼道（よりみち）の館にて軍の物語しける時、大江（おおえ）の匡房（まさふさ）、聞きて、

「器量ある武将なれども、なほ軍の道を知りたまはず」

とひとりごとのやうにいふ。義家の家来、これを聞きつけて、「けしかることをいふ人かな」と心のうちに思へり。

やがて匡房、関白の館を出で、義家も出でぬ。家来、あるじを見て、

「かの人は、かくかくとのたまへり」

といへば、義家、定めてしさいあるべしと思ひ、匡房が車に乗らんとするところに進み寄りて、ゐしやくす。それよりのち、義家は匡房を師として学びけり。

義家、金沢（かなざわ）の城を攻めんとする折、たまたま一行の雁、刈田におりんとして、にはかに列をみだしつつ飛び行きぬ。義家あやしみて、

「かつて師の教へたまふことあり。野に伏兵ある時、雁、列をみだる。この野にかならず伏兵あらん」

とて、手をわかつて三方より囲む。はたして、敵、三百余騎をかくしおきたるを、義家の軍さ

んざんに討ちて、つひに敵軍を攻め破りぬ。

かりまたの矢

義家、ある日、安倍（あべ）の宗任（むねとう）らをつれて、広き野を過ぎ行きしに、きつね一匹走り出でたり。義家、背に負ひたるうつぼより、かりまたの矢を抜きて弓につがへ、きつねを追ひかけしが、殺さんもふびんと思ひて、左右の耳の間をねらひてひようと射る。矢は、あやまたず頭上をすれすれにかすめて、きつねの前なる土に立ち、きつねは、その矢につき当りて倒れたり。

宗任、馬よりおりてきつねを引きあげながら、

「矢は当らぬに、死にて候」

と申せば、義家、

「おどろきて死にたるなり。捨ておかば、ほどなく生き返るべし」

といふ。

宗任、すなはち矢を取りてさし出せば、義家、背を向けてうつぼにささせけり。宗任はもと賊軍の頭にて、近ごろ降りし者なれば、他の家来どもこのさまを見て、

「危きことかな。するどき矢をささしめたまふことよ。もし、宗任に悪しき心もあらば」

とて、手に汗をにぎりけり。

目を射抜かれて

相模（さがみ）の国の住人、鎌倉（かまくら）の権五郎景正（ごんごろうかげまさ）といふもの、先祖より名高きつはものなり。十六歳にて敵の大軍に向かひ、命を捨てて戦ふ折から、敵の矢にて右の目を射られぬ。矢は、首を貫ぬきてかぶとに射つけたれば、たやすく抜けず。矢を折り捨てて、その場に敵を射倒しけり。

景正、帰りてのち「手を負ひぬ」といひて、のけざまに伏したれば、三浦（みうら）の平太郎為次（ためつぐ）とい

ふつはもの、景正が顔をふまへて矢を抜かんとす。

景正、すなはち刀を抜き、為次がよろひの草ずりをあげて下より突かんとしければ、為次、おどろきて、

「などて、かくはするぞ」

と問ふ。景正、

「弓矢に当りて死するは、つはものの望むところなり。いかでか、生きながら足にて顔をふまるることあらん。汝を殺して、われも死すべきなり」

といふ。

為次、ことばなく、ひざをかがめ顔を押さへて、矢を抜き取りけり。

障子張り

相模守時頼(さがみのかみときより)の母を、松下禅尼(ぜんに)といへり。時頼を招くことありけるに、すすけたる障子の破れを、禅尼、てづから小刀にて切りまはしつつ張りゐたり。城介義景(じょうのすけよしかげ)、これを見て、

「その障子をこなたへたまはりて、なにがしに張らせ候はん。さやうのことに、なれたるものにて候」

と申しければ、禅尼、

「その男、尼が細工にはよもまさり候はじ」

とて、なほ一間づつ張りゐたり。義景、

「すべてを張りかへんは、はるかにたやすく候。まだらになりて見苦しかるべし」

と重ねていへば、

「尼も、のちには新しく張りかへんとは思へど、すべて物は破れたるところをつくろへば、しばらくは用をなすものぞと、若き人に見ならはせんとて、かくするなり」

といひけり。

馬ぞろへ

山内一豊、織田家に仕へし初め、東国第一の名馬なりとて、安土に引き来て商なふものあり。信長の家臣らこれを見るに、まことにならびなき馬なり。されど価あまりに高くして、買ふもの一人もなく、空しく引き帰らん

とす。

　一豊もこの馬ほしく思へど、求むることいかにもかなふべからず。家に帰りて、

「世の中に、身貧しきほどくちをしきことはなし。一豊、仕への初めなり。かかる名馬に乗りて見参に入れたらんには、主君の御感にもあづかるべきものを」

とひとりごといひしに、妻つくづくと聞きて、

「その馬の価は、いかばかりにや」

と問ふ。

「黄金十両とこそいひつれ」

「さほどに思ひたまはば、その馬求めたまへ。価をば、みづからまゐらすべし」

とて、鏡の箱の底より黄金十両を取り出す。

　一豊、大きにおどろきて、

「この年ごろ身貧しく、苦しさのみ多かりしに、その黄金ありとも知らせたまはず。されば、今この馬、ゆめにも求め得べしとは思はざりき」

と喜び、またうらむ。妻、

「のたまふところ、ことわりにこそ。されどこれは、わらはこの家にまゐりし時、この鏡の下に父の入れたまひて、ゆめゆめ、世のつねのことに用ふべからず。汝の夫の一大事あらん時

にまゐらせよとて、たまひき。されば、家貧しくして苦しむなどは、世のつねのことなり。まことにや、都にて御馬ぞろへあるべしなど聞ゆ。君は仕への初めなり。良き馬にめして、主君の御感にあづかりたまへ」

といふ。

一豊、すなはちその馬を求めたり。

やがて馬ぞろへの日とはなれり。いづれおとらぬ馬多く集りたる中に、一きは目だちてたくましきを信長うち見て、

「あつぱれ、名馬。たれの馬ぞ」

と問へば、家臣答へて、

「これは東国第一の名馬とて、商人の引きてまゐりしを、一豊が求め得たるものに候」

と申す。信長、

「一豊は仕へて日なほ浅く、家も貧しからんに、よくもかかる名馬を求めたるぞ。見あげたる志」

と、しばし感じてやまざりけり。

十一　かんこ鳥

朝日、いまあらわれて、
ああ、はるけくもこの峯に
光さし来ぬ。

薄きみどり、こきみどり、
山々のひだ縞（しま）なして、
見る目うるわし。

川の流れか、さらさらと
はるかなる麓（ふもと）のわたり
かすかに響き、

いずくともなく霧（きり）わきて、
風のまにまに谷間より

ただよいのぼる。

かっこう、かっこう、かんこ鳥、
こだまのごと、ゆめのごと、
かっこう、かっこう。

十二　炭焼小屋

一

青々と茂ったみどりの梢に、煙がなびいている。炭焼がまから立ちのぼる煙である。

源作じいさんは、その煙のようすをじっと見つめた。黄色な煙の中に、白い煙がまじっている。どうもおかしい。煙の色もへんだが、煙の出るようすに活気がない。かまが病気をしているな――と、じいさんは思った。

源作じいさんは、かまのそばにすわって、たき口から中をのぞいて火のかげんを見た。真赤に焼けた木から、めらめらとほのおが立ちのぼっている。壁にくり抜かれたいくつかの小さな穴から、ほのおが隣りのかまの中へ吸い込まれて行く。そのかまには、炭に焼く丸太がぎっしりとつめ込まれているのだ。じいさんがのぞいた、あのかまから火気を送って、このかまの中の丸太をむし焼きにする仕掛なのだ。

源作じいさんは、もえさかるほのおの色をじっと見た。それから、おもむろに立ちあがって、さしわたし二メートルもある、土で固めた円形のかまの上へそっと手を置いた。かっとした火気が手のひらを打つ。源作じいさんは、かまがいらいらしているなと感じた。どっかりと、また、かまの前にすわって、もくもくと立ちのぼる煙を見つめながら、黄色な煙が、薄むらさき色に変って行くのを心に念じた。

二

二三日たってから、かまの口を開いた源作じいさ

んは、真黒に焼けた炭を外へ取り出した。

「うまく焼けたかな」と気がせく。三十何年炭を焼いていても、かまから取り出すまでは、どんなに焼けたかが気がかりである。うまく焼けた時は、とびあがるようにうれしい。この調子で次も焼こうと思う。失敗した時は、ひどく気持が悪い。この次には、何とかしてうまく焼きたいものだと思う。源作じいさんは、一メートルばかりの長さに焼けた炭の端を、指の先でこすってみた。堅くて、うまく焼けていない。火のまわりが悪かったのだ。

炭を取り出しながら、源作じいさんは、かまの天井や壁をこつこつとたたいてみた。どこも悪くはない。おかしいなと思って、煙突へ通じる口を、ふと見たとたん、おやと思った。木のやにがうんとこびりついて、煙の出口をふさいでいる。これだ、これが病気のもとだと、源作じいさんの心は急に明かるくなった。

三

炭焼がまの裏の山道には、丸太を並べた木馬道が、曲りくねって山の奥の方へ続いている。そりの形をした木馬に、木を山のように積んで、源作じいさんが引いておりて来る。右へ曲り、左へ折れて、かまの近くでぴたりと止った。

汗をふきふき、じいさんは小屋へはいって、のこぎりを持ち出した。腰には、毛皮で作った小さなざぶとんのような腰皮をさげている。腰皮の上に腰をおろし、切って来たばかりの木を、一メートルばかりの長さにそろえて、楽しそうにひき始めた。

一本一本の丸太を、あの炭焼がまへ入れて、今度こそは、上できの炭に焼いてみようと考えながら、じいさんは一心に木をひいている。

十三　ぼくの子馬

北斗は、ぼくの子馬です。

生まれたのは、去年の春、ちょうど桜の花の咲くころでした。ぼくが学校から帰ると、父はにこにこしながら、

「新一、子馬が生まれたよ」

といいます。それを聞くと、ぼくは、むちゅうになって馬屋へかけ込みました。見れば、うす暗くしてある馬屋の奥の方で、母馬が、生まれたばかりの子馬をしきりになめてやっていまし

た。父もあとから来たので、ぼくが、

「おとうさん、子馬はおすですか、めすですか」

とたずねますと、父はさも得意そうに、

「おすさ」

といいます。

「じゃあ、今度の子馬は、ぼくに世話をさせてください」

父は、しばらくだまっていましたが、

「うん、おじいさんによく指図していただいて、ひとつ一生けんめいにやって見るかな」

と許してくれました。

ぼくは、うれしくてたまりません。さっそく、そのことを祖父にいいますと、祖父も、

「ほう、おまえが世話をするというのか。よかろう。ひとつやってごらん。こまかいことはだんだん話してあげようが、第一は、馬をよくかわいがってやる

ことだ。日本の馬は、気が荒いとかいわれるそうだが、それも馬が悪いのではない、扱う人がいけないから、馬に悪いくせがついてしまうのだ。しんせつにしてやれば、馬ほどすなおで、りこうなものはめったにないぞ」

と教えてくれました。

子馬の名は、北斗ときまりました。一週間ばかりたって、親子とも馬屋の外へ出しますと、北斗は、おくびょうそうな目つきをして、始めて見る世界をさもめずらしそうに眺めました。大きな犬ぐらいの大きさで、足は、ばかにひょろ長く見えます。そうして、ともすると母馬にすり寄っては、乳を吸ってばかりいます。そのかわいいようすは、今でも忘れません。

日がたつにつれて、だんだんぼくになれて来ました。時には乳を飲むのも忘れて、ひょろ長い足で元気よく、草原の上をはねまわることもありました。

六月になると、母馬につけて、近くの牧場へ放牧にやることになりました。ぼくは、せっかくなれて来た北斗を、手もとからはなすのがいやでしたが、そうしないと、子馬が丈夫にならないのです。で、ぼくは、そのころ学校から帰ると、すぐ牧場へ行って見ました。牧場には、村のあちこちから、同じような子馬がたくさん来ていて、母馬の草をたべるあとを追いながら、広い野原を楽しそうに遊びまわっていました。

放牧に出してから、北斗のからだはめきめき丈夫になりました。足もしっかりして来ました。

そうして、長い夏も過ぎ秋が来て、野山の草木が枯れるころ、五箇月ぶりでうちの馬屋へつれて帰りました。

いよいよ北斗は、乳を離れるようになりました。からだの手入れをしたり、運動をさせたり、ぼくの仕事がおいおいいそがしくなったのは、そのころからです。しかしそれだけに、かわいさもいっそう深くなって来ました。

寒い冬の日でも、一日に一度はかならず、北斗をつれて運動に出かけました。ぼくがかけ出せば北斗もかけ出し、ぼくが止れば北斗も止り、追ったり追われたりしながら、楽しく運動しました。

二歳ごまになって、北斗もめっきり馬らしくなりました。今年も、六月から放牧に出しましたが、去年と違って、ぼくが行くと、北斗は、うれしそうにすぐぼくのところへとんで来て、鼻をすりつけます。手のひらに塩をのせてやると、うまそうになめます。ぼくが唱歌を歌うと、北斗はいつまでもおとなしく草をたべながら、ぼくのそばで遊んでいます。

いつのころからか、北斗は、清くんのうちの子馬の青と、大そう仲よしになりました。ぼくのいない時は、いつでも青と遊んでいるようでした。

九月に二歳ごまの市が始るというので、八月に北斗をうちへつれて帰りました。

北斗は、ほんとうにりこうで、すなおです。教えることは何でもよく覚えるし、櫛(くし)で手入れをしたり、足をあげさせてひづめの裏をそうじしたりしても、じっとおとなしくしています。物に驚いてかけ出そうとするような時でも、「ほうほう」と声を掛けて、手のひらで軽く首やせなかをなでてやると、すぐ安心して静まってしまいます。この間も祖父がいいました。

「おまえがよくめんどうを見てやったから、北斗はりっぱな二歳ごまになった。この村に二歳ごまもたくさんいるが、北斗ほどみごとなのは見かけないようだ。幅もあるし、骨組も丈夫になった」

ぼくは、祖父のこのことばを聞いて、ほんとうにうれしいと思いました。

二歳ごまの市が始れば、いよいよ北斗と別れなければなりません。一年半も手しおにかけた北斗といっしょにいるのも、あといく日もないと思うと、ぼくは泣きたいほどつらい気がします。けれども、北斗は、きっと軍馬に買いあげられるに違いありません。そうして、りっぱな乗馬になり、軍人さんを乗せて堂々と歩くでしょう。その勇ましいようすを思い浮かべると、ぼくは北斗のために喜んでやりたいのです。

十四　星の話

晴れた夜、空を仰ぐと、たくさんの星が、まるで宝石をちりばめたように美しくかがやいています。ちょっと見たところでは、ほとんど無数と見えるこれらの星にも、名前や番号があり、位置もきまっているのですが、ただぼんやり見ているだけでは、いったいどれがどうなのか、さっぱり見当がつきません。

そこで、まず真北へ向かって立って見ましょう。北の空にもたくさんの星がありますが、その中で一つだいじな星があります。地平線からしだいに見あげて、頭の真上まで行く途中、真中辺より少し低いところに、かなり大きな星が一つ見えるのが、それです。もっともその高さは、見る場所によっていくぶん違います。北の北海道でしたら、ほぼ真中辺ですが、反対に南の沖縄(おきなわ)や台湾(たいわん)でしたら、ずっと低くなります。

しかし、こういっただけでは、まだなかなか見当がつかないでしょう。そうしたら、どこかその辺の空に、ひしゃくのような形に連なった美しい七つの星を、さがすことにしましょう。これはすぐ見つかります。七月の中ごろですと、夜九時ごろ、北より少し西へ寄った方に、ますを下に、少し曲った柄を上に、ちょうどひしゃくを立てたようなかっこうになっています。この七つの星を北斗七星といいます。

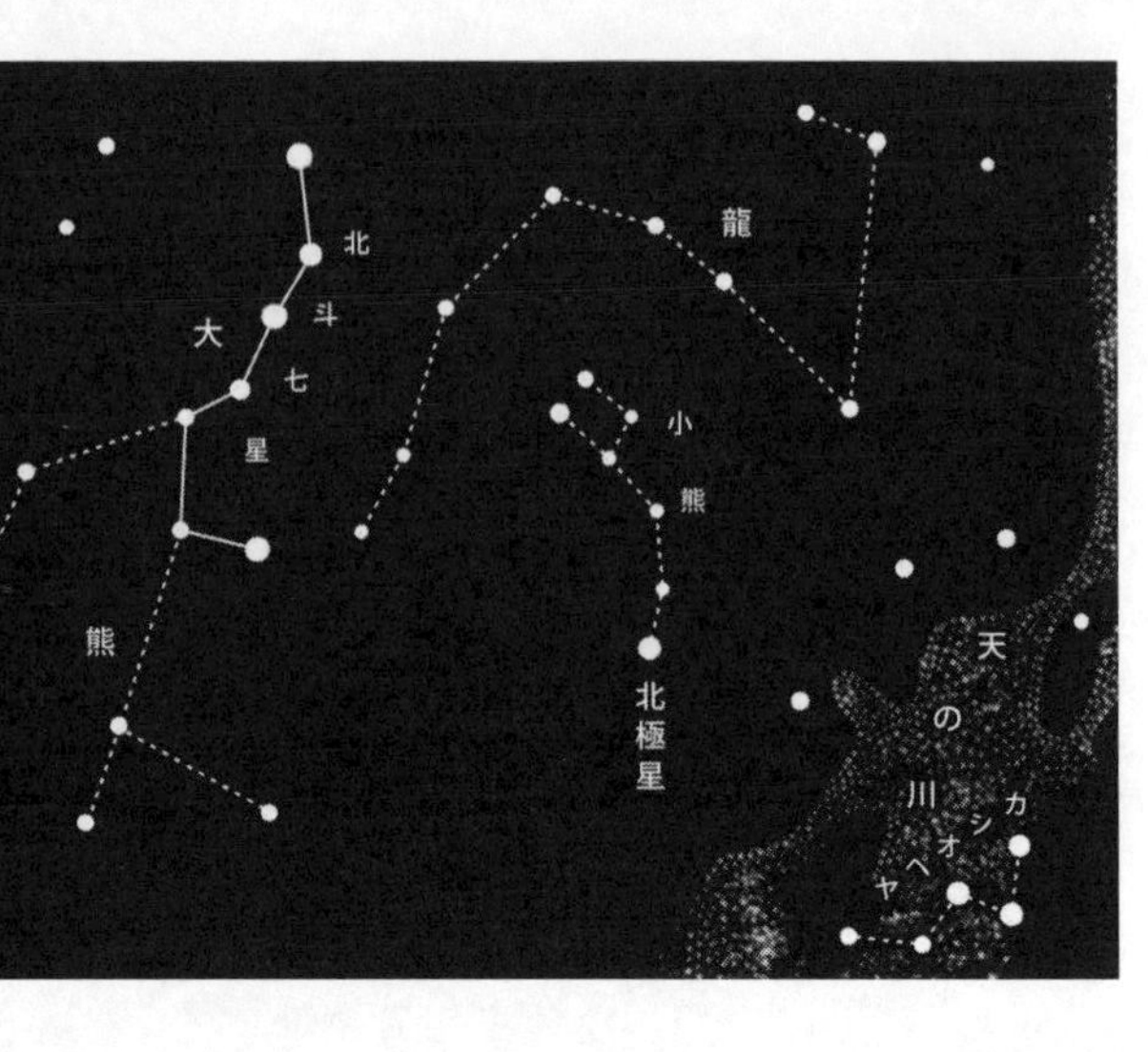

北斗七星が見つかったら、その七つの中の、下の端に当る二つの星に注意しましょう。そうして、かりにこの二つの星を結ぶ線を引き、それをなお右の方へ延してみましょう。すると、この二つの星の距離の五倍ばかりのところに、きっと一つの星が見つかります。さっきさがそうとしたのがこれで、北極星という星です。

北極星は、いつ見てもほぼ真北にある星ですから、夜、道に迷った時など、この星を見つければ、すぐ方角を知ることができます。昔から、航海の目当てとなってくれたのは、この星です。

ところで、大空の他の星は、時刻によってかなりあり場所が変って行きます。今どれか一つの星を、東へさし出た軒端にすれすれに当てて、下からじっと見ていますと、やがてその星は、軒端にかくれて見えなくなります。つまり星は、西へ西へと移って行くのです。日や月が東から出て西へはいるように、星もだいたい東から出て西へはいるのです。

星の動き方を、もっとくわしく調べて見ますと、北の空では、星が、北極星をほぼ中心に、円をえがいて動いているのだということがわかります。写真機を北極星に向けて、一時間ぐらいふたをあけておくと、この円をえがくようすがわかるように写真にうつります。それでなくても、夜九時に北斗七星を見てその位置を覚え、更に十時、十一時に見ると、この動き方が大ていい見当がつきます。そうして、北極星の近くに見える星ほど小さな円をえがき、遠くに見える星ほど大きな円をえがきます。

しかし、このように星が動くというのも、実はわれわれの住んでいる地球がまわるから、そう見えるだけのことですが、今の場合、それを考えに入れないでおきましょう。

さて、この北極星や北斗七星を目当てにして、その附近を見ると、いろいろの星の列がありま す。まず、北斗七星とその附近にあるいくつかの星を加えて、大熊座（おおぐま）といいますが、それは昔の人が、それらの星の列に大きな熊の形を考えたからです。また、北極星を柄の端にして、北斗七星とどうやら似た小さなひしゃく形に連なるのを、大熊座に対して小熊座といい、小熊座と

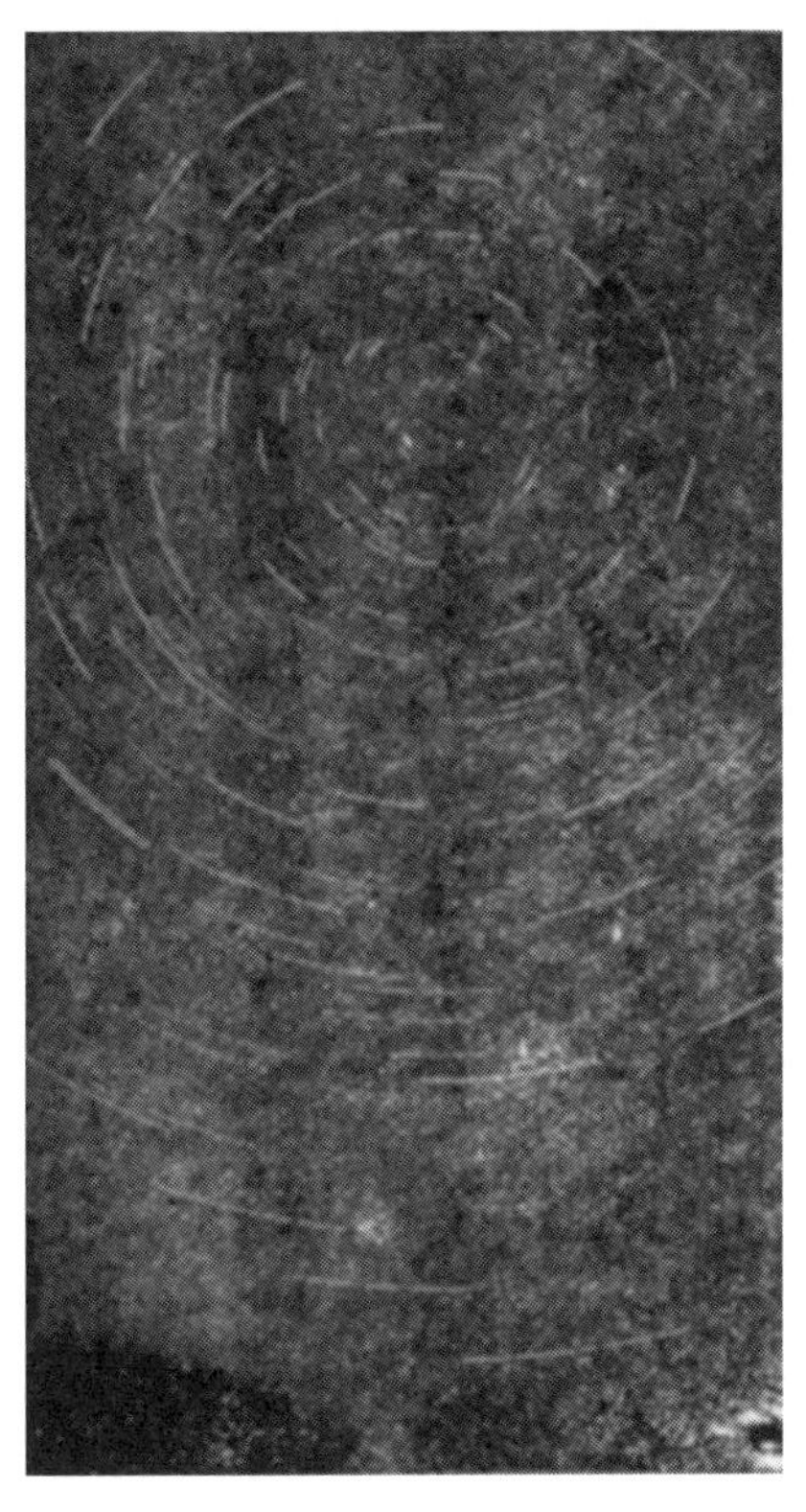

北斗七星との間に尾を入れて、小熊座を包むようにのろのろと曲りくねって連なる十ばかりの星を龍座といいますが、どちらも星があまり大きくありませんから、よく気をつけて見ないとはっきりしません。それよりも、北極星の右下の方に、椅子の形に連なる五つばかりの星はカシオペヤ座で、俗にいかり星とも山形星ともいいますが、これははっきりしていますから、だれでもすぐ見つけます。そうして、この辺、北から南へかけて、天の川が、夏の夜空に銀の砂子を美しくまき散らしているのが見られます。

十五　遠泳

「これから遠泳をする。一人残らず目的地に着くように」

先生の激励のことばをしっかり心にだいて、先頭から順々に海へはいって行った。

熱い海岸の砂をふんでいた足の裏に、つめたい海の水が気持よく感じられる。水の中を歩きながら、顔を洗い頭を水でひたす。両手でからだに水を掛けると、ひやっとして気持がよい。ひざから腰、腰から腹へと、海は一足ごとに深くなって行く。思いきって、からだをずぶりと水の中へつけると、つめたさが身にしみわたる。

先頭から一人一人、順に泳ぎ始めた。いよいよ、ぼくの番になった。立ち止って、手を前へ延し足で地面をけると、からだはすいと水の上へ浮かんだ。

風は吹いていないが、波が、目の前の水面に、小さな三角の小山をこしらえ、それが顔に当って、目や鼻へえんりょなくはいって来る。うっかりすると、呼吸の調子で、がぶりと塩からい海水を飲まされる。

初めは、みんな元気であった。薄青く見えていた海の水が、いつのまにかこいみどり色に変る。後をふり返ると、海岸はだいぶ遠くなって、人も家も、小さく見える。目の前を、白いかもめが海面とすれすれに飛んで行く。

ゆっくりと、自然に両腕で水を大きくかき、両足で水をけって進む。二列に並んだ列を、まだだれも乱す者はない。天気のよい日、おだやかな海原を航海するような楽しさである。この調子なら、わけもなく遠泳ができそうだと、ぼくは喜んだ。一本松を目当てに進んで行く。いつもそばを離れない警備船の上から、先生が、

「時々頭を水にひたせ」

と注意される。

遠くに見えた一本松が、だんだん近づいて来る。初めは何も気がつかなかったが、一本松がはっきり見えるようになったころから、今までからだを浮かしていてくれた海が、いくら力を

出して泳いでも、なかなか前へ出してくれない。ぼく一人かと思って前の方を見ると、みんなも同じだ。

「潮の流れが逆になったから、みんな元気を出せ」

先生の声である。「島の端をまわってしまえば、あとはらくだ。潮流の激しい一本松の沖あいを、泳ぎ抜けるかどうかが成否の分れめだ」と話された先生のことばが、思い出された。潮流に負けてはならないと、ぼくは一かき一けりに力をこめて、潮の流れと戦う気持で泳いだ。

きちんとそろって進んでいた列が、だんだん乱れて行った。おくれる者、列からはみ出る者。ぼくは、先頭におくれないように、一生けんめいで水をけった。潮の流れはますます急になるのか、いくら手足に力を入れても、進みはにぶい。一人落ち、三人落ちして、とうとう先頭から三四人めになった。そうなると、先頭からかけ離れて、間をつめようとしてもなかなか思うようにはいかない。並んで泳いでいた小島くんも、だんだん弱って来たようだ。

「小島、広田、しっかり泳げ」

先生の声援がありがたかった。ぼくは、むちゅうで腕と足を動かした。

ふと気がつくと、小島くんの姿が見えない。何だか一人取り残されたような、さびしい気持になる。その気持を払いのけるように、手足に力を入れようとしたが、力がはいらない。水の中で、もがいているようである。顔を水にひたして、からだを浮かすようにして泳いだ。一本松を見たが、まだかなり遠いところで手招きをしているようだ。手足が、石のようにこわばって来る。先頭からは、どんどんおくれて行く。もう、だめだ。警備船へあがろうか。

「広田、おくれたってかまわない。ゆっくり泳げ」

と、船の上から先生が叫ばれた。ぼくは、自分の弱い心持が恥ずかしくなった。おくれたって、ほかの人がやめたって、ぼくだけは、最後までどうしても泳ごう――それからは、何も考えないで、まるで機械のように手足を動かした。

一本松が、右手の海岸のがけの上に、大きく立っているのが見えた。もう一息だと力を出した時、ふしぎにからだは、すいすいと前の方へ軽く進んで行った。がけの下をぐるっとまわると、今まで見えなかった島の裏側の海岸が、見えて来た。青々とした木が、鏡のように静かな海面に影を投げかけている。その向こうに、真一文字に白い線を引いたような砂浜が、目にしみるように写った。

「広田よくやった。もう大丈夫だ。潮の流れもいいし。そら、あそこに見えるだろう、あの砂浜が、到着点だ」

ぼくは、全身の力を腕と足とにこめて、遠い砂浜をめがけて、元気よく泳いで行った。

十六　海底を行く

目の前に、
関門海峡はさざ波をたたえ、
車窓から何百の船が見える。
「おかあさん、
　あの海峡をくぐるのね」

汽車はたちまちトンネルにはいった、
ざあっとすべって行く車輪の響き。
「おかあさん、
　今、海の底を走っているのね」

本州と九州の握手(あくしゅ)だ、
日本最初の海底トンネルだ。
「おかあさん、

まるでおとぎ話のようね」

だいじな物資や、郵便物や、
私たちを一気に運んでくれる。
「ありがたいじゃありませんか。
命がけでほったおかげですよ」

ふり返ると、
関門海峡はさざ波をたたえ、
いそがしそうに船が動いている。
「おかあさん、
あの下を通って来たのね」

十七　秋のおとずれ

秋は虫の声から始る。

昼間は、まだ暑い暑いの歎声が口をついて出て来る。真夏の暑さはだれも覚悟をしているが、八月もなかばを越せば、どこかに秋らしいものが見えてもよさそうなものである。それだのに、寒暖計は三十度を越えたがる。暑さは、もうたくさんだといいたくなる。するとある日の午後、裏山の森で、「つくつくぼうし、つくつくぼうし」の声を聞いた。

暑い日がやっと暮れても、よいの間は家の中がむっとして、柱も壁も、さわるとどうやら熱気を吐いている。二階へあがってみても、さして涼しい風はなさそうである。ただ晴れた夜空に星がきらきらとさえ、銀河があざやかに中天にかかっている。その時ふと耳にするものは、前の草原で鳴く虫の声である。それがはたして何虫であるか、はっきりはしないが、かなりたくさんの声であることを感じる。夜がふけると、思いなしか屋根瓦（やねがわら）が少ししめって来る。

夜の燈火をしたって来る虫は、蛾（が）や、こがね虫など、どれもこれもただうるさいだけであるのに、どこからかかすかに羽音がして障子に軽くばさと止った虫が、やがて「すいっちょ、すいっちょ」をくり返す。このくらいあいきょうのある気のきいた虫は、めったにないものだ。そうして、それが、しきりに「秋だ、秋だ」と鳴きたてるように思われる。

もう何といっても秋である。よし昼間はどんなに暑かろうとも、日光はかすかに黄色味を帯びて、壁やへいの強い反射がいくぶんやわらいで見える。梢吹く風が、思い出したようにざわざわと音をたてる。背戸のみぞ端に、秋海棠（しゅうかいどう）がかわいらしい薄赤の花をつける。畠のにらの花に、頭でっかちないちもじせせりが飛びちがう。何よりも、たんぼに早稲（わせ）の穂が出そろって白く波打つのが、秋らしく見渡される。

やがて二百十日が来て、農家はただ風ばかりを心配する。夜は、そろそろこおろぎが家の中へはいって、床の下や壁の中で声高く鳴きたてる。

十八　飛行機の整備

勇　「今日の子ども常会は、お約束通り、飛行機の整備をしていられるおじさんに来ていただきました。おじさんを囲んで、いろいろお話をお聞きしようと思います。当番にあたった私が司会者になりましょう。

日ごろ私たちは、わが航空部隊のめざましい働きを聞いて、たいへん感激しているのですが、それにつけても、飛行機の整備ということについてよく知りたいと思っていたのです。おじさんは、もう五年間もこの方の仕事をしていらっしゃいます。どうぞ、いろいろなお話をしてください。またみなさんも、聞きたいことがあれば、何でもおたずねください。初めに、整備ということについて、おじさんにお話をお願いいたします」

おじ「飛行機の整備といっても、いろいろな仕事がありますが、一口にいうと、飛行機がいつでも飛び出せるように、準備をしておくことなのです。また、いつ飛び出しても、十分働けるように手入れをしておくことなのです」

正男「出発前には、どんな準備をしますか」

おじ「車輪に空気を入れたり、燃料（ねんりょう）や爆弾を積み込んだり、機械にくるいがないか、ていねいに調べたりします。が、いちばん注意して調べるのは、発動機です。試運転をして、その爆

音を聞いてみて、順調であるか、その震動の具合がどうかと、しっかり確めてから、みんなに乗ってもらいます」

太郎「飛行機がもどって来た時には、どんな手入れをしますか」

おじ「やはり、発動機の手入れを真先にします。発動機のおおいをはずして、機械に手を当ててようすを調べます。それから、あちこちに油をさしてやったり、燃料を補充してやったり、よごれたところをきれいにしてやったりします」

花子「私たちがからだ具合でも悪いと、母が額に手を当てて、熱のかげんをみたりなんかするのと似ていますね」

おじ「そうそう、それですよ。飛行機にとって、整備兵は母親のようなものです。飛行機の熱を計ったり、息づかいを聞いたり、痛いところをさすってやったりするのです。飛行機のもどって来る時刻がおそいと、気が気ではありません。それはちょうど、遠足に行った子どもの帰りを案じる母親の心と変りません」

勇「敵弾でも受けて帰った時は、どんな気がしますか」

おじ「痛ましいと思います。しかし、よくこれまで戦ってくれた、手がらを立ててくれたと、手を合わせて拝みたい気持にさえなります」

正男「どんな時がいちばんうれしいでしょう」

おじ「何といっても、時間通りに飛行機の整備ができて、爆音勇ましく五十機七十機と、頭上を堂々と出発して行く時です」

太郎「そうでしょうね。私たちが、小さなグライダーを作って飛ばしただけでも、うれしいのですから」

おじ「飛行機はただの機械だとは思われません。何か生きもののように思われます。自分のからだの一部分のようにさえ、感じられるのです。たとえ、自分は地上に居残っても、自分の魂は、飛行機といっしょに空をかけめぐっています。あらしにあってはいないだろうか、うまく弾幕をくぐり抜けたかしらと、絶えず飛行機の身の上を案じています。

こんな心配をしている時に、無事帰って来るのですから、うれしくてなりません。愛機のプロペラにだきついて喜ぶ人さえあります」

春枝「ほんとうにかわいいのですね」

おじ「かわいくてなりません。飛行機にお酒を供えたり、しっかり頼むぞと願ったり、ああ、よくやってくれたなといいながら、翼をなでてやったりしますよ」

正男「整備兵というのは、みんな地上で働く人ばかりですか」

おじ「そうではありません。機上勤務をする人もいます」

正男「機上では、どんな仕事をするのですか」

おじ「いつも発動機の調子に気をつけていたり、燃料や、電力を調節したりします。とにかく、飛行中に起った故障は、みんなこの人たちの手によってなおさなければなりません。

機上整備兵の座席の前には、たくさんの計器が並んでいます。これらの計器が一目で見分けられるようにならないと、一人前ではないのです」

春枝「さっきは、うれしい時のお話をうかがいましたが、こんどは、苦しい時のことをお話してくださいませんか」

おじ「ただ一心にやっていますので、苦しいとは別に思いませんが、困ることはよくあります。ことに寒い時に、それが多いのです。例えば小さなねじをしめるにしても、指の先でしめるのですから、厚い大きな手袋をはめていては、しめられません。どうしても、手袋を脱ぎます。すると、寒さのために指がこおりついてしまって、わるくするとくさります。それで、片手ずつ手袋を脱いで、仕事をします。それに、寒いと発動機もうまく動かないので、温めてやるのに苦心をします」

花子「寒い時もたいへんでしょうが、暑い時も苦しいでしょうね」

おじ「なにしろ、機体の中は、ふだんでもかなり温度が高い上に、南洋の日光に照りつけられると、いっそう暑くなります。からだがやっとはいるようなせまいところで修理をしていると、まるで汗と油でぐっしょりになってしまいますよ」

勇　「飛行機がたくさん並んで帰って来る時、あれは自分の飛行機だということがわかりますか」

おじ　「機種の同じものはなかなかわかりませんが、違うものなら、近づけばすぐわかります。爆音でもわかります」

正男　「でも、爆音は、どれも同じようではありませんか」

おじ　「いや、赤ちゃんの泣き声はみんな同じようだが、おかあさんには、うちの赤ちゃんの泣き声がすぐわかるようなものです」

勇　「何か目じるしをつけたら、いいじゃありませんか」

おじ　「そうです。自分の飛行機を早く知りたいために、尾翼にちょっと色をぬっておくとか、何とかすることがあります。しるしで思い出しましたが、撃ち落した敵機の数だけ、どこかにしるしをつけることもあります」

太郎　「おじさんの飛行機には、どんなしるしがつけてありますか」

おじ　「鷲(わし)の顔をかくことにしています」

春枝　「いくつかいてありますか」
おじ　「四十八」
花子　「まあ、四十八も。するともう四十八機も撃ち落したのですね」
正男　「すごいなあ」
勇　「もっといろいろお聞きしたいのですが、おじさんのお帰りになる時間になりました。これでおしまいにしようと思いますが、終りに一つだけお聞きいたします。今、お話をうかがって、飛行機の整備の大切なことはよくわかりましたが、おじさんは、やはり飛行機に乗って敵地を爆撃したり、空中戦をやったりした方がいいとは思われませんか。私ならそう思いますが」
おじ　「そう思うでしょう。けれどもよく考えてごらんなさい。飛行機の整備なくしては、空中戦も敵地爆撃もありませんよ。そこで航空部隊の働きと整備とは、一つに考えなければなりません。整備は戦闘なりということを、私たちはかたく信じています」
勇　「よくわかりました。ためになるお話をたくさんお聞かせくださいまして、ありがとうございました」

十九　動員

動員の第一夜なり明けやすき

秋晴れや旗艦にあがる信号旗

敵前に上陸すなり秋の雨

突撃を待つ草むらに虫すだく

敵遠し月の広野のはてしなく

幾山河愛馬と越えて月の秋

地図を見る外套（がいとう）をもて灯（ひ）をかばい

二十　三日月の影

重代のかぶと

甚次郎（じんじろう）は、兄に呼ばれて座敷へ行った。見れば、母もそこにいた。床の間には、すばらしく大きな鹿（しか）の角と三日月の前立てとのついたかぶとが、かざってある。兄は、改った口調でいった。

「甚次郎、このかぶとは祖先伝来の宝、これをおまえにゆずる。十歳の時、軍に出て敵の首を取ったほど強いおまえのことだ。どうかりっぱな武士になり、家の名をあげてくれ」

甚次郎は、胸がこみあげるようにうれしかった。

「ありがたくちょうだいいたします」

といって頭をさげた。母はそばからいった。

「それにつけても、御主君、尼子（あまご）家の御恩を忘れまいぞ。尼子家の御威光は、昔にひきかえておとろえるばかり、それをよいことにして、敵

の毛利がだんだん攻め寄せて来る。成人したら、一日も早く毛利を討って、御威光を昔に返しておくれ」

甚次郎の目は、いつのまにか涙で光っていた。

甚次郎は、この日から山中鹿介幸盛と名のり、心にかたく主家を興すことを誓った。そうして、山の端にかかる三日月を仰いでは、

「願わくは、われに七難八苦を与えたまえ」

と祈った。

一騎討

数年は過ぎた。尼子の本城である出雲の富田城は、そのころ毛利軍に囲まれていた。

鹿介は、戦ってしばしば手がらを立てた。かれの勇名は、みかたのみか、もう敵方にも知れ渡っていた。

敵方に、品川大膳という荒武者がいた。かれは、鹿介をよい相手とつけねらった。名を柾木狼介勝盛と改め、折もあらば鹿介を討ち取ろうと思った。

ある日のこと、鹿介は部下をつれて、城外を見まわっていた。川をへだてた対岸から、鹿介の姿をちらと見た狼介は、われ鐘のような声で叫んだ。

「やあ、それなる赤糸おどしの甲は、尼子方の大将と見た。鹿の角に三日月の前立ては、まさしく山中鹿介であろう」

鹿介は、りんとした声で大音に答えた。

「いかにも山中鹿介幸盛である」

狼介は喜んでおどりあがった。

「かくいうは石見（いわみ）の国の住人、棫木狼介勝盛。さあ、一騎討の勝負をいたそう。あの川しもの洲こそよき場所」

といいながら、弓をこわきにはさんで、ざんぶと水にとび込んだ。鹿介もただ一人、流れを切って進んだ。

狼介は、弓に矢をつがえて鹿介をねらった。尼子方の秋上伊織介（あきあげいおりのすけ）がそれを見て、

「一騎討に、飛び道具とはひきょう千万」

と、これも手早く矢をつがえてひょうと射る。ねらい違わず、狼介が満月のごとく引きしぼっている弓のつるを、ふつりと射切った。みかたは「わあ」とはやしたてた。

狼介は、怒って弓をからりと捨て、洲にあがるが早いか、四尺の大太刀を抜いて切ってかかった。しかし、鹿介の太刀風は更にするどかった。いつのまにか狼介は切りたてられて、しだいに水際に追いつめられて行った。

「めんどうだ。組もう」
こう叫んで、狼介は太刀を投げ捨てた。大男のかれは、鹿介を力で仕とめようと思ったのである。

二人はむずと組んだ。しばらくはたがいに呼吸をはかっていたが、やがて狼介は満身の力をこめて、鹿介を投げつけようとした。鹿介は、それをじっとふみこたえたが、片足が洲の端にすべり込んで、思わずよろよろとする。たちまち狼介の大きなからだが、鹿介の上へのしかかった。鹿介は組み敷かれた。両岸の敵もみかたも、思わず手に汗をにぎる。

とたんに、鹿介はむっくと立ちあがった。その手には、血に染まった短刀が光っている。狼介の大きなからだは、もう鹿介の足もとにぐったりとしていた。

「敵も見よ、みかたも聞け。現れ出た狼を、鹿介が討ち取った」

鹿介の大音声は、両岸に響き渡った。

そののち、幾たびか激しい戦があった。さしもの敵も、この一城をもてあましたが、前後七年にわたる長い戦に、尼子方は多く討死し、それに糧食(りょうしょく)がとうとう尽きてしまった。城主尼子義久は、涙をのんで敵に降った。富田城には、毛利の旗がひるがえった。

苦節

尼子の旧臣は、涙のうちに四散した。鹿介は、身をやつして京都へのぼった。戦国の世とはいえ、京都では花が咲き、人は蝶（ちょう）のように浮かれていた。そのうちに、尼子の旧臣がおいおい京都に集って来た。かれらは、鹿介を中心として、主家の再興を企てた。

そのころ、京都のある寺に、ひんのよい小僧さんがいた。そうして、それが尼子家の子孫であることがわかった。鹿介は、この小僧さんを主君と仰いだ。

「尼子家再興のことは、わが年来の望みである」

小僧さんは、おおしくもこういって、衣を脱ぎ捨て、尼子勝久と名のった。

時は来た。永禄（えいろく）十二年六月のある夜、勝久を奉じる尼子勢は出雲に入り、一城を築いて三度ときの声を作った。

この声が四方に呼び掛けでもしたように、今まで敵についていた旧臣が、続々と勝久のところへ集った。諸城は、片端から尼子の手に返った。しかし、富田城は名城であるだけに、なかなか落ちそうにもなかった。

その間に、毛利の大軍がやって来た。輝元（てるもと）を大将とし、吉川元春（きっかわもとはる）・小早川隆景（こばやかわたかかげ）を副将として、一万五千の精兵が堂々と進軍して来た。

富田城がまだ取れないのに、敵の大軍が押し寄せたのでは、みかたの勝利がおぼつかない。しかし、鹿介は腹をきめた。すべての軍兵を率いて、富田城の南三里、布部山に敵を迎え討った。みかたの軍は約七千であった。

まことに死物ぐるいの戦であった。敵の前軍はしばしばくずれた。しかし、何といっても二倍以上の敵である。新手はあとからあとから現れる。さしもの尼子勢もへとへとにつかれ、多くの勇士は、むざんや枕を並べて討死した。

勝ちほこった敵の大軍は、やがて出雲一国にあふれた。勝久は危くのがれて、再び京都へ走った。

上月城

それからまた幾年か過ぎた。鹿介は、織田信長に毛利攻めの志があることを知って、かれをたよった。鹿介を一目見た信長は、この勇士の苦節に同情した。

「毛利攻めのお先手に加り、もし戦功がありましたら、主人勝久に、出雲一国をいただきとうございます」

鹿介の血を吐くことばに、信長は大きくうなずいて見せた。

ついに再び時が来た。尼子方は秀吉の軍勢に加って、毛利攻めの先がけとなった。

いち早く播磨の上月城を占領して、ここにたてこもった二千五百の尼子勢は、ほどなく、元春・隆景の率いる七万の大軍にひしひしと取り囲まれた。

秀吉の援軍が今日来るかあす来るか、それを頼みに勝久は城を守った。毛利方の大砲を夜に乗じてうばい取って、みかたは一時気勢をあげた。

しかし、援軍は敵にはばまれて近づくことができなかった。七万の大軍に囲まれては、上月城は一たまりもない。弓折れ矢尽きて、勝久はいさぎよく切腹することになった。

「いたずらに朽ち果てたかも知れないわたしが、出雲に旗あげして、一時でもその領主となったのは、まったくおまえの力であった」

勝久は、こういって鹿介に感謝した。

鹿介は、男泣きに泣いて主君におわびをした。しかし、かれはまだ死ねなかった。尼子重代の敵毛利を、せめてその片われの元春を、おのれそのままにして置けようか。七難八苦は、もとより望むところである。鹿介は主君に志を告げ、許しをこうてわざと捕らわれの身となった。

鹿介は西へ送られた。

甲部川の秋

ここは備中の国甲部川の渡しである。天正六年七月十七日、秋とはいえ、まだ烈しい日光が、じりじりと照りつけている。

川端の石に腰掛けて、来し方行く末を思いながら、鹿介はじっと水のおもてを眺めた。燕が、川水すれすれに飛んでは、白い腹を見せてちゅう返りをしていた。

突然、後から切りつけた者がある。鹿介は、それが敵方の一人河村新左衛門であると知るや、身をかわして、ざんぶと川へとび込んだ。新左衛門もとび込んだ。二人はしばし水中で戦ったが、重手を負いながらも、鹿介は大力の新左衛門を組み伏せてしまった。すると、これも力自慢の福間彦右衛門が、後から鹿介のもとどりをつかんで引き倒した。

七難八苦の生涯は、三十四歳で終りを告げた。

甲部川の水は、このうらみも知らぬ顔に、今もゆうゆうと流れている——月ごとに、あのあわい三日月の影を浮かべながら。

附録

一　「あじあ」に乗りて

九時大連(だいれん)発の「あじあ」に、ぼくは乗った。見送りに来た母が、大勢の人にまじって見える。

「おかあさん、行ってまいります」

ぼくが手をあげると、母もあげた。窓を開くことができないので、ぼくのこのことばも通じないらしい。母も何かいっているようだが、こちらにはわからない。「あじあ」は流れるように動きだした。ぼくは、この春休みにハルピンのおじのところへ行くのである。一度乗ってみたいと思っていたこの汽車に乗れて、ほんとうにうれしい。

やがて金州にさしかかると、車掌さんが説明する。

「右手は大和尚山(だいおしょうざん)で、関東州第一の高山、その手前の岡に、乃木勝典中尉(のぎかつすけちゅうい)の記念碑(きねんひ)があるのです。左には、金州城が手に取るように見えます」

雪の少い南満洲の畠はよく耕されて、農家がぽつぽつ見える。沿線の楊の木に、かささぎが巣をいくつも掛けている。ぼくがそれを見ていると、

「何を見ているの」

と、後から声を掛けた者がある。ロシア人の女の子だ。

「あのかささぎの巣を見ているのさ」

しかし、「かささぎ」という日本語がわからないらしい。「鳥の巣」といったら、すぐわかった。この子は新京へ母と帰るところで、マルタという名だそうだ。

「おかあさんは、あそこ」

と指さしたところに、みどり色の上着を着たロシア婦人が本を読んでいる。

熊岳城に近づくと、望小山が見えだした。あの山の伝説を話してあげようといえば、マルタはお昼御飯をたべながら、母といっしょに聞きたいという。三人は食堂車へはいった。ロシア少女が、給仕をして働いていた。

「昔、母と子と二人暮しの家があった。むすこは、勉強のため山東へ渡って行った。何年かたって、もう帰って来るころになったので、年寄った母は、毎日毎日望小山へのぼって待ち続けた。むすこは、一生けんめいに苦学したかいがあって、りっぱな身分になり、いよいよ故郷

へ帰ることになった。ところが、途中海が荒れて、むすこは船とともに沈んでしまった。母は、そんなこととはつゆ知らず、風の日も雪の日も待っていたが、とうとう山の上でなくなったという」

大石橋で始めて停車した。ホームへ出ると、風がつめたい。車掌さんが、ボーイに、「もう少し、車内の温度をあげてくれたまえ」といいつけていた。

北の方では、二三日前に雪が降ったので、遠い山の峯が白くなっている。何だか空がくもって来た。鞍山の製鋼所から茶色の煙が立ちのぼり、ほのおが勇ましく見える。まもなく、遼陽の白塔が眺められた。落ち着いた、美しい形である。太子河を渡る。「あじあ」は防音装置がしてあるので、鉄橋を渡る響きが車内にやかましくは聞えない。

「スタンプを押しませんか」

ボーイがそういって来たので、ぼくは、てちょうに「あじあ」のスタンプを二つ押してもらった。

奉天に着いた。ここから安東・吉林・北京へ、鉄道が分れるので、列車がいくつも止っており、満人の赤帽がいそがしそうに荷物を運んでいる。駅前には、馬車や自動車が行ったり来たりしている。ここで、兵隊さんがどやどやと乗った。奉天はまことに平な大都市で、ただ北陵の松林が小高く見えるだけである。

雲が切れて、日光がさして来た。雲はしきりに流れて、早春の畠を、野を、そのかげがはって行く。「あじあ」は、雲のかげを追い越したり追い越されたりして、満洲の大平野をまっしぐらに突進す。

四平に着く。ここからチチハルへ線が分れる。冬になると、この大きな停車場に大豆の山が積まれるそうだ。

やがて、一人の兵隊さんがぼくに、

「あそこの岡を知っているかね。あれは公主嶺で、昔、ロシアのコサック兵は、あそこで教練したのだが、今は農事試験場のひつじや牛が、かけっこをしている」

と、元気よく話しながら、日にやけた顔で笑った。向こうの農家に、満洲国旗がひらめいている。そばで、満人たちが耕作の手を休めて、こちらを眺めている。

「汽車のかげが長くなった」

と、マルタがいう。汽車のかげだけではない。電柱のかげも木のかげも、ずっと延びた。「あじあ」は、一気に国都新京へせまって行く。遠く国務院や、関東軍司令部の建物が夕日にはえ、新しい住宅があざやかに見える。

兵隊さんたちは新京で下車した。ぼくがおじぎをすると、みんな元気よく挙手(きょしゅ)をする。マルタも、おかあさんといっしょにおりて行った。急に車内がさびしくなる。

「さようなら」「さようなら」

マルタは、とびあがりながら手を振った。

大きな赤い夕日が沈むところだ。夕日とぼくとの間には、さえぎるもの一つない。あすまた、お日様、ごきげんよう。鳥の群が地上から飛びあがった。薄むらさきの夕空には、ばら色の雲がたなびいた。それを見ていたら、母を思い出した。夕食して、母に手紙を書こうと思って、食堂車へ行った。

食卓(しょくたく)には、電燈が明かるくついている。ロシア少女の給仕が、ぼくの顔を見覚えていて、にこにこしながら食

事を運んでくれる。どこか知らない駅に停車した。大きな木の上に星が光っている。「あじあ」のしるしのはいった用紙に手紙を書いて、昼間押してもらったスタンプを入れて、ボーイに頼んだ。席に帰ると急に眠くなって来た。

ふと気がつくと、「あじあ」はいつのまにか町へはいっていた。そうして、時間表通り二十一時三十分に、ハルピン駅にぴたりと停車した。ぼくが急いでおりると、突然、

「やあ、よく来たね。一人でよく来たね」

と、おじの声。ぼくの手は、がっしりとにぎられていた。

真冬のように寒い夜だ。空には、半月がさえかえっていた。

二　大地を開く

一

ぼくは早くから目がさめた。この北満の土地に来て、始めての朝だ。

窓がほのぼのと明かるくなった。あこがれていた大陸に、第一日を迎えるのだ。

起床ラッパが鳴り響いた。

ぼくたちは、元気よく起きた。日本では感じられないような、痛い寒さが押し寄せて来る。まだなれない部屋なので、急いで上着を着たり、ズボンをはいたりしていると、思わず頭を柱にぶっつける。

水で口をすすぎ、顔を洗うと、心がからっとして、全身がひきしまった。

宿舎（しゅくしゃ）の前に、一同が整列する。風にまじって、粉雪が降っている。

旗竿に高く国旗をかかげた。するするとあがって行く日の丸の旗が、風に大きくゆれている。こうした光景は、今までに何度も見たが、今朝ほど尊く思ったことはなかった。

それから体操をする。「えい、やあ」と、力いっぱい掛声を掛けると、心が引きしまる。体操がすんで、所長の訓示（くんじ）があった。

「ここへ始めて来た諸君を、自然はこの吹雪（ふぶき）をもって迎えてくれた。諸君をりっぱな開拓者（かいたくしゃ）にしようとして、よい試練を与えてくれた。諸君は、これからいろいろな困難にあうだろう。しかし、負けてはならない。諸君は、新しい東亜のために、ここで大地を開くのだ。この光栄を忘れるな」

粉雪が、ぼくの前の友だちの肩に、さらさらと降りかかる。ぼくは、心の中で、「やるぞ、やるぞ」と何度も誓った。

次の日は、雪が晴れた。風もやんだ。まぶしいほど晴れた天気になった。目のとどくかぎりの広野だ。宿舎のほかには、目をさえぎる何物もない。天と地と一つになった大きな風景だ。ここが大陸日本の第一線なのだ。

ぼくは、友だちと「しっかりやろう」といいながら、手をにぎった。

二

それから五六日たって、のろ狩をやった。のろというのは、北満に住んでいる鹿の一種である。皮は着物にしたり、肉は食用にしたりする。ぼくは、まだ見たこともないが、どうかしてつかまえてやろうと意気ごんで行った。

散兵の隊形をとって、遠巻きにのろを追い出して行く。どんどん野原を進んで行くと、向こうのくぼ地から、二匹ののろが現れた。みんなが、「わあっ」と思わず声をたてる。のろはびっくりして、急いで逃げ出した。なかなか足が早い。とうとう、林の中へもぐり込んでしまった。

「今度こそ、つかまえてやるぞ」

また進んで行くと、やぶのところから、二匹の親のろと一匹の子のろが出て来た。それっと、みんなが走り出した。三匹ののろは、とぶようにして岡を越え、谷を渡り、走って行く。ぼくたちは、だれも追いつけなかった。

「ざんねん」

「のろのやつ、のろくないじゃないか」

「こっちがのろまなんだよ」

こんなことをいって、笑った。

三

日一日と暖くなって来た。

枯草におおわれていた野原に、青い草の芽がもえて来た。よく見ると、むらさきの花が咲いている。百合（ゆり）のつぼみのような形をした、かわいらしい花だ。花びらにも葉にも、うぶ毛が生えている。青いものはまったくなかった野原に、咲きだしたこのむらさきの花は、ほんとうにきれいに見える。ぼくは、この花を根からほって、宿舎の庭へ持って来て植えた。あとで、「おきな草」という草花であることがわかった。

夜が明けて、最初に出かける班は、トラクター班だ。発動機の音をとどろかしながら、開拓に進軍する。

続いて農耕班（のうこうはん）が出発の用意をしている。ほかの班のものは、まだ床についている。ぼくが、農耕班の友だちに、

「きみたちの班は、朝が早くてたいへんだな」

というと、

「いや初めはつらかったが、もうなれてしまった。これでも楽しいことがあるんだよ」

と答える。

「楽しいことって何だ」

「種をまくと、かわいい芽を出す。芽がだんだんのびる。それを毎朝見に行くのが、ほんとうに楽しみなんだ」

ほうれん草の畠が、青々としている。えんどうが大きくなって、つるを延している。

このころになると、野原には、黄色な花が咲き始める。赤い花も少しまじって咲く。
朝霧(あさぎり)の中で、放牧の馬が、露をふくんだ草をおいしそうにたべている。
朝日の光をうけて、霧に薄い虹(にじ)がぼっとかかることもある。

四

ぼくたちの一行が大勢やって来たので、宿舎がせまくなった。別に宿舎の建てましをしなければならない。自分たちの家は、自分たちの手で建てようというので、大工の仕事に取りかかった。

作業場は、かなり離れた小高い岡の上である。

なれない手つきでおのを振るい、のこぎりをひき、かんなを掛けた。柱ができる、板ができる。新しい木の香が、ぼくたちを喜ばした。

三時過ぎになると、ひと休みする。その時、うどん粉をふかした大きなまんじゅうをたべる。
甘味(あまみ)は少いが、働いたぼくたちには、実にうまい。

長い春の日も暮れかけて、手もとが暗くなる。

「作業やめ」

みんな道具をきちんとまとめて集合する。

美しい夕やけだ。みんなの顔が、赤くなっている。

三　草原のオボ

蒙古の大草原を旅する者は、あちこちにあるオボを目当てに歩いて行く。

オボというのは、地の神をまつるために、蒙古人が供えた一種の土まんじゅうで、小高い岡に作られたり、泉のそばにもうけられたりする。その上に、楊の枝をたばねて突きさしたのがあり、石ころを積み重ねたのがあり、柱を立てて、それに字を書いた旗を結びつけたのがある。

文字通り大自然のふところに生まれ、そこで死んで行く蒙古人たちにとっては、天と地が生命の父であり、母である。おのずからこれにたよる心がわき、いつとはなしに信仰となって、このようなオボを作り、大地をまつるようになった。

見渡すかぎり広々として、何一つ目にはいらない草原では、たとえ小さなオボでも、旅をする者には実に大きななぐさめであり、また心強い目じるしである。草原を海にたとえれば、オボはまさにその燈台である。旅に出かけて行く人が、オボの前を通る時には、「どうぞ、無事に旅をすることができますように」と祈り、またその帰りには、「おかげで、帰ることができ

ました」と感謝の祈りをささげる。そのお礼のしるしとして、石ころ一つ積み重ねたり、楊の枝を立てたりするので、オボは、いつとはなしに少しずつ大きくなって行く。

夏の初め、草原があざやかなみどりにおおわれるころ、オボの祭がもよおされる。

この時は、遠いところからたくさんの人が集って来て、たいへんなにぎわいである。きのうまで木一本もなかったような草原に、たちまち町ができる。

儀式は、夜明け前の暗いうちから行われる。まず僧の祈りに祭典が始り、火をたいたり、太鼓（たいこ）をたたいたり、ラッパを吹いたりする。参拝するものは、子ひつじの料理をあげたり、手製のチーズやバターなどを供えたりする。

オボのそばには、馬や、牛や、ひつじなどがつながれる。これらの家畜（かちく）は、神にささげるものとして、その年の春に生まれたものの中からえらばれたものである。僧は、この家畜の一頭一頭に祈りをささげ、喜びの歌を歌う。

そのうちに東の地平線が白み、まもなく夜が明けて朝日ののぼるころには、もう儀式は終っている。

式後、神に供えられていた馬や、牛や、ひつじなどは、それぞれ家畜の群にはなされる。一度こうしてオボの祭にえらばれた家畜は、決して売ったり、殺したり、乗用にしたりすることができないことになっている。

余興(よきょう)として、勇ましい競馬(けいば)があり、いかにも大陸的な蒙古ずもうが行われたりして、祭の気分は高まって行く。

楽しいにぎやかな祭がすむと、みんなどこか遠いところへ散らばってしまう。それはちょうど、潮がさっと引いて行くようである。そうして、またもとのひっそりとした大草原にたちもどり、オボだけが大地にぽつんと残されるのである。

初等科国語　六

一　明治神宮

参拝

神宮橋を渡りて、まず仰ぐ大鳥居に、菊花の御紋章を拝するかしこさ。南参道に入れば、夜来の雨に清められし玉砂利、さくさくと鳴りて、参拝の人々、あたかもいい合わせたるごとく、足並みのおのずからそろうも尊く思わる。御造営当時、国民の真心もてたてまつりたる木々は、参道の左右を始め、到るところすき間もなき木立となりて、神域（しんいき）いよいよ厳かならんとす。

左折して更に大鳥居を過ぎ、神気身にせまるをおぼえつつ、静かに歩みを移せば、参道はまた右折す。この時、正面やや遠く拝する南神門のけだかさ、美しさ。玉垣に連なる鳥居の奥に、すがすがしき赤松の木立を負いたる楼門（ろうもん）は、一幅の絵画に似て、しかも尊厳のおもむきをそえたり。

水屋の水に口をすすぎて、この門を入れば、中央の拝殿、左右の廻廊（かいろう）、庭上の白砂、すべて清らかに、厳かなり。

拝殿に進み、明治天皇・昭憲皇太后御二柱の神の御前に、うやうやしくぬかづく。

つつしみて、御在世中の大御歌・御歌をしのびまつれば、

とこしへに民やすかれといのるなるわがよをまもれ伊勢のおほかみ

神風の伊勢の内外の宮柱ゆるぎなき世をなほ祈るかな

と、神かけて祈らせたまえるを、今とこしえに神霊としずまりまして、御みずから世を守り、国をしずめ、民草をもみそなわすらん。大御心のかたじけなさ、そぞろに涙のわき出ずるをおぼゆ。

宝物殿

西神門を出でて行く道は、しばし森林の奥に人をいざなう。やがて木立遠ざかりてみどりの芝生遠く広く続き、道いとはるかなるかなたに、宝物殿を望む。

殿内に入りて御遺物を拝観す。日常の御生活のいかに御倹素

にわたらせられしか。御机は紫檀にも黒檀にもあらずして、ただ黒きぬり机なり。竹の御硯箱は何のかざりもなく、筆・鉛筆等、国民学校生徒の用うる物と異なるところなし。昭憲皇太后の御硯箱は、ふたの裏に石盤をはめ、石筆はちびてわずかに寸余を残すのみ。まことにおそれ多き極みというべし。

旧御殿旧御苑

旧御殿・旧御苑は、もと南豊島御料地の内にて、御二柱の神に御由緒深きところ。御殿とは申せど、質素なる平屋にして、行幸ありし時の玉座、今もそのままに拝せらる。

旧御苑に入れば、木立深く、道めぐり、池の眺め広きところに、御茶屋ありて、隔雲亭という。ほのかに承れば、この御苑は、明治天皇御みずから、森の下道・下草まで何くれと御仰せありて、自然のままに作らせたまい、昭憲皇太后かぎりなくめでさせたまいて、しばしば行啓あらせられたりとぞ。昔の武蔵野の面影、そのまま今に残りて、とこしえに大御心をしのびまつるも、いとかしこしや。

二　水兵の母

明治二十七八年戦役の時であった。ある日、わが軍艦高千穂の一水兵が、手紙を読みながら泣いていた。ふと、通りかかったある大尉がこれを見て、余りにめめしいふるまいと思って、

「こら、どうした。命が惜しくなったか。妻子がこいしくなったか。軍人となって、軍に出たのを男子の面目とも思わず、そのありさまは何事だ。兵士の恥は艦の恥、艦の恥は帝国の恥だぞ」

と、ことばするどくしかった。

水兵は驚いて立ちあがりしばらく大尉の顔を見つめていたが、

「それは余りなおことばです。私には、妻も子もありません。私も、日本男子です。何で命を惜しみましょう。どうぞ、これをごらんください」

といって、その手紙をさし出した。

大尉がそれを取って見ると、次のようなことが書いてあった。

「聞けば、そなたは豊島沖の海戦にも出でず、八月十日の威海衛攻撃とやらにも、かくべつの働きなかりし由、母はいかにも残念に思い候。何のために軍には出で候ぞ。一命を捨てて、君の御恩に報ゆるためには候わずや。村の方々は、朝に夕に、いろいろとやさしくお世話なしくだされ、一人の子が、御国のため軍に出でしことなれば、定めて不自由なることもあらん。何にてもえんりょなくいえと、しんせつに仰せくだされ候。母は、その方々の顔を見るごとに、そなたのふがいなきことが思い出されて、この胸は張りさくるばかりにて候。八幡様に日参致し候も、そなたが、あっぱれなるてがらを立て候ようとの心願に候。母も人間なれば、わが子にくしとはつゆ思い申さず。いかばかりの思いにて、この手紙をしたためしか、よくよくお察し

くだされたく候」

大尉は、これを読んで思わず涙を落し、水兵の手をにぎって、

「わたしが悪かった。おかあさんの心は、感心のほかはない。おまえの残念がるのも、もっともだ。しかし、今の戦争は昔と違って、一人で進んで功を立てるようなことはできない。将校も兵士も、皆一つになって働かなければならない。すべて上官の命令を守って、自分の職務に精を出すのが第一だ。おかあさんは、一命を捨てて君恩に報いよといっていられるが、まだその折に出あわないのだ。豊島沖の海戦に出なかったことは、艦中一同残念に思っている。しかし、これも仕方がない。そのうちに、はなばなしい戦争もあるだろう。その時には、おたがいにめざましい働きをして、わが高千穂艦の名をあげよう。このわけをよくおかあさんにいってあげて、安心なさるようにするがよい」

といい聞かせた。

水兵は、頭をさげて聞いていたが、やがて手をあげて敬礼し、にっこりと笑って立ち去った。

三　姿なき入城

いとし子よ、
ラングーンは落ちたり。
いざ、汝も
勇ましく入城せよ、
姿なく、
声なき汝なれども。

昭和十六年十二月、
ラングーン第一回の爆撃に、
汝は、別動隊編隊(へんたい)機長として、
近郊ミンガラドン飛行場にせまり、
敵スピットファイヤー二十数機と、
空中戦はなばなしく、
陸鷲(りくわし)は、その十六機をほふれり。

更にラングーンの上空に現れ、
巨弾を投じたる一瞬、
敵高射砲弾は、
汝が愛機の胴体を貫ぬきつ。

機は、たちまちほのおを吐き、
翼は、空中分解を始めぬ。
汝、にっこりとして天蓋を押し開き、
二王立ちとなって僚機に別れを告げ、
「天皇陛下万歳」を奉唱、
若き血潮に、
大空の積乱雲をいろどりぬ。

それより七十六日、
汝は、母の心に生きて、
今日の入城を待てり。

今し、母は斎壇をしつらえ、
日の丸の小旗二もとをかかげつ。
一もとは、すでになき汝の部隊長機へ、
一もとは、汝の愛機へ。
いざ、親鷲を先頭に、
続け、若鷲。
ラングーンに花と散りにし汝に、
見せばやと思う今日の御旗ぞ。

いとし子よ、
汝、ますらおなれば、
大君の御楯と起ちて、
たくましく、
おおしく生きぬ。
いざ、今日よりは
母のふところに帰りて、

安らかに眠れ、
幼かりし時
わが乳房(ちぶさ)にすがりて、
すやすやと眠りしごとく。

四　稲むらの火

「これは、ただごとでない」とつぶやきながら、五兵衛は家から出て来た。今の地震は、別に激しいというほどのものではなかった。しかし、長い、ゆったりとしたゆれ方と、うなるような地鳴りとは、年取った五兵衛に、今まで経験したことのない、無気味なものであった。

五兵衛は、自分の家の庭から、心配そうに下の村を見おろした。村では、豊年を祝うよい祭の支度に心を取られて、さっきの地震には、一向気がつかないもののようである。

村から海へ移した五兵衛の目は、たちまちそこに吸いつけられてしまった。風とは反対に、波が沖へ沖へと動いて、見る見る海岸には、広い砂原や、黒い岩底が現れて来た。

「大変だ。津波がやって来るに違いない」と、五兵衛は思った。このままにしておいたら、四百の命が、村もろとも一のみにやられてしまう。もう、一刻もぐずぐずしてはいられない。

「よし」

と叫んで、家へかけ込んだ五兵衛は、大きなたいまつを持ってとび出して来た。そこには、取り入れるばかりになっている、たくさんの稲束が積んである。

「もったいないが、これで村中の命が救えるのだ」

と、五兵衛は、いきなりその稲むらの一つに火を移した。風にあおられて、火の手がぱっとあがった。一つまた一つ、五兵衛はむちゅうで走った。こうして、自分の田のすべての稲むらに火をつけてしまうと、たいまつを捨てた。まるで失神したように、かれはそこに突っ立ったまま、沖の方を眺めていた。

日はすでに没して、あたりがだんだん薄暗くなって来た。稲むらの火は、天をこがした。山寺では、この火を見て早鐘をつき出した。

「火事だ。荘屋さんの家だ」

と、村の若い者は、急いで山手へかけ出した。続いて、老人も、女も、子どもも、若者のあとを追うようにかけ出した。

高台から見おろしている五兵衛の目には、それが蟻の歩みのようにもどかしく思われた。やっと二十人ほどの若者が、かけあがって来た。かれらは、すぐ火を消しにかかろうとする。五兵衛は、大声にいった。

「うっちゃっておけ――大変だ。村中の人に来てもらうんだ」

村中の人は、おいおい集って来た。五兵衛は、あとからあとからのぼって来る老幼男女を、一人一人数えた。集って来た人々は、もえている稲むらと五兵衛の顔とを、代る代る見くらべた。

その時、五兵衛は、力いっぱいの声で叫んだ。

「見ろ。やって来たぞ」

たそがれの薄明かりをすかして、五兵衛の指さす方を一同は見た。遠く海の端に、細い、暗い、一筋の線が見えた。その線は、見る見る太くなった。広くなった。非常な速さで押し寄せて来た。

「津波だ」

と、だれかが叫んだ。海水が、絶壁のように目の前にせまったと思うと、山がのしかかって来たような重さと、百雷の一時に落ちたようなとどろきとで、陸にぶつかった。人々は、われを忘れて後へとびのいた。雲のように山手へ突進して来た水煙のほかは、一時何物も見えなかった。

人々は、自分らの村の上を荒れくるって通る、白い、恐しい海を見た。二度三度、村の上を、海は進みまた退いた。

高台では、しばらく何の話し声もなかった。一同は、波にえぐり取られてあとかたもなくなった村を、ただあきれて見おろしていた。

稲むらの火は、風にあおられてまたもえあがり、夕やみに包まれたあたりを明かるくした。始めてわれにかえった村人は、この火によって救われたのだと気がつくと、ただだまって、五兵衛の前にひざまずいてしまった。

五　朝鮮のいなか

秋

秋の空は、実に高い。そうして色が深い。紺青の大空には、昼の月がうっすらと出て、日は西へ傾きかけている。もろこしの葉を、かさかさと秋風がゆする。

秋の日をまともに受けた駐在所の庭で、一郎と貞童が遊んでいる。貞童が、萩のほうきでとんぼを追いかけると、とんぼはすいとそれて、豆畠の方へ飛んで行ってしまった。

「とんぼ、とんぼ、
　あっちへ行けば地獄、
　こっちへ来れば極楽」

貞童が歌うと、一郎は、

「反対だ。きみ、とんぼを取るんだろう」

「うん、取るんだ」

「では、こっちへ来れば地獄じゃないか」

「そういわないと取れないよ」

二人は笑いながら、豆畠の方へ走って行く。豆が、かさかさと音をたてる。


　どの家も、オンドルをたきだしたと見えて、紫色の煙が村中にただよっている。その煙の中に、ぽかりぽかり、わら屋根が浮いて見える。まだ西日を受けている屋根に、干してあるとうがらしが真赤だ。高くのびたポプラや、茂ったアカシアは、あざやかな黄色。桜も紅葉して、みんな赤い夕日を受けている。

　一郎と貞童は、とんぼ取りをやめて帰って来た。

「生かしておこうや」

貞童は、豆の葉の柄で作った虫かごに、とんぼを入れた。

「動かないよ」

二人は、じっととんぼを見ている。市場帰りの朝鮮馬が、けたたましく鳴いて過ぎる。夕べの光をかすかに残した大空を、雁(がん)の群が渡っている。

「雁、雁、わたれ。

大きな雁はさきに、
小さな雁はあとに、
仲よくわたれ」

一郎と貞童が、空に向かって歌った。

冬の夜

夜になっても薄青い空。その空に、星がいっぱいこおりついたようにして、またたいている。井戸端のうるしの木が、ぬうっと立っている。

ぽこん、ぽこんという音が通って行く。水汲みに来た女

の頭の上の水がめが、ゆれて鳴る音だ。寒さが骨身にしみて、しいんとする。

オンドル部屋の中では、薄暗いランプの火が、心細くゆれている。おじいさんが、孫を寝つかせようとして話をしている。

「この村に、古いけやきの木があるだろう。おばけが、あのけやきにいた」

「それがどうしたの」

「そばを通る子どもに、いたずらをした」

「どうして、いたずらをしたの」

「いたずらずきのおばけだからさ」

「どんないたずらをしたの」

おじいさんは、口をむにゃむにゃさせて、なかなか答えない。ふくろうの鳴く声が聞える。

別な部屋では、息子を相手に、父がかますを織っている。

「これが五枚めだったな」

「はい、五枚めです」

「どうだ、六枚織れるか」

「織りましょう、おとうさん」

息子が元気に答える。話しながらも、二人の手が器用に動く。そばでは、母が、娘を相手にきぬたを打っている。

「これだけ、たたいてしまおう」

母が棒を取って、とんとひょうしを取った。とんからとんから、調子のよい音が流れ出した。

六　月の世界

望遠鏡で見た月

「きみ、今夜うちへ来ないか」

学校の門を出ると、正男くんがぼくにこういった。

「どうして」

「にいさんが天体望遠鏡を作ったんだ」

「ほう」

「月がすばらしいよ。よかったら見に来たまえ」

夕方、まだ明かるい空に、半月が光り始めた。おかあさんにそういって、夕飯がすむとすぐ出かけた。

行ってみると、正男くんのうちでは、もう縁先に望遠鏡をすえつけて、にいさんと正男くんが、代る代る観測をしている。長さ一メートルばかりの望遠鏡が、三脚(きゃく)の上にのっている。

「りっぱな望遠鏡ですね」

と、ぼくがにいさんにいうと、正男くんは、

「これでにいさんのお手製なんだ。見たまえ、筒(つつ)はボール紙だろう。三脚は、やっときのうできあがった。ぼくも、ずいぶん手伝ったよ」

「レンズは」

「買ったのさ。レンズは、だいぶ上等なんだ」

正男くんは、さも自分で買ったような口振りでいう。にいさんは、初めからにこにこしながらだまっていた。

「さあ、きみものぞいてごらん」

と、正男くんにいわれて、ぼくは望遠鏡に目を近寄せた。

望遠鏡の円い視野に、月がくっきりと浮き出して見える。それは肉眼で見るのとすっかり感じが違って、今に露でもしたたりそうな、なまなましい、あざやかな美しさである。

「きれいだなあ」

ぼくが思わず叫ぶと、正男くんが、

「きれいだろう」

と、あいづちを打つようにいう。だが、よく見ると、月の表面は決してなめらかではない。一面にざらざらしたような感じである。殊に、半月のかけた部分に近く、蜂の巣を思わせるようなでこぼこが、目立って見える。

「月の顔には、ずいぶんあばたがあるね」

と、ぼくがいったので、にいさんも正男くんも、笑った。

それからも、三人代る代るのぞきながら、にいさんからおもしろい説明を聞いた。

にいさんの説明

あのあばたのように見えるのは、大部分が火山で、穴は噴火口です。こんな小さな望遠鏡でさえ、はっきり見えるのですから、噴火口は、非常に大きなものだということが考えられます。いちばん大きなのは、直径が二百キロもあるといわれています。こうした火山は、どれもこれもけわしくて、低いのでも三百メートル、高いのになると、八千メートル——富士山の二倍以上もあるのがあります。もちろん、月は地球と違って、とっくの昔、すっかり冷えてしまった

天体ですから、火山といっても、みんな死火山ですがね。

それから、よく見なさい。月の中に薄黒い、大きな斑点のようなものがあるでしょう。あれは海といわれる部分ですが、月には水が一しずくもありませんから、海というより、平原といった方がよいかも知れません。たぶん、昔、このたくさんな火山からふき出した熔岩が、流れて固まったものでしょう。

月には水がないといいましたが、水ばかりか空気もないのです。したがって、雲や、雨や、あらしや、そういった、この地球上に見られる気象現象は、一つもありません。月は、いつも晴天なのです。この望遠鏡で見てもわかるように、月のどこ一つくもったところがないのが、その証拠です。しかも、空気も水もないとすると、地球上のように、太陽から来る光や熱を調節するものがないから、月の世界では、昼はこげつくような暑さ、夜はその反対に、ひどい寒さであろうと思われます。

まだおもしろいことがあります。かりに、私たちが月の世界へ行ったとすると、そのけしきはどんなものでしょう。今もいうように、光を調節するものがないから、太陽に照らされた部分は、目が痛いほど光って見えるでしょうが、陰になる部分は、きっと真黒に見えるに違いない。ごつごつした火山が、到るところにそびえて、それが真黒な大空に突っ立っているとしたら、どんなに恐しいけしきでしょう。もちろん、草も木もありませんよ。その代り、一つうらやましいと思うのは、月から見た地球の美観です。地球の直径は、月の約四倍ありますから、夜、月から地球を見るとすると、われわれが常に見る月の四倍ぐらいな地球が、天にかかって見えるわけです。

こういうふうに、月の世界は、いわばまったく恐しい死の世界ですが、それでいて、昔から月ほどやさしい、平和な気持を与えてくれるものはありません。その青白い、しみじみと親しめる光が、われわれに大きな慰めを与えるからです。殊に日本では、昔から月と文学が、まったく離れられないものになっています。ごらんなさい、歌でも、俳句でも、詩でも、月に関するものがどんなに多いか。月の世界に都があって、そこで天人が舞っているなどは、実に美しい想像ですね。今日私たちは、それが死の世界であると知っても、やはり月がなかったらさびしい。峯の月、大海原の月、椰子(やし)の木かげの月、そういうものがないとしたら、ほとんど生きがいがないと思うでしょう。月は、永久に人間の心の友であり、慰めであります。

七　柿の色

かま場より出でし喜三右衛門は、しばし縁先にやすらいぬ。日は、やや西に傾けり。仰げば庭前の柿の梢は、大空に墨絵をえがき、すずなりの赤き実、夕日を浴びて、さながら珊瑚珠のかがやくに似たり。この美しさに、しばし見とれたる喜三右衛門は、ふと何思いけん、

「おお、それよ」

とつぶやきて、直ちにまたかま場へ引き返しぬ。

その日より、喜三右衛門は、赤色の焼きつけに熱中し始めたり。されど、めざす色はたやすく現るべくもあらず、いたずらに焼きてはくだき、くだきては焼き、はてはただぼう然として、歎息するばかりなり。

苦心は、それのみにあらざりき。研究に費す金はしだいにかさみ、しかも工夫に心をうばわれては、おのずから家業もおろそかならざるを得ず。やがて、その日の生計も立ちがたく、弟子たちこの師を見かぎり去りて、手助けをする者一人もなし。

人はこの様を見て、たわけとあざけり、気違いとののしる。されど、喜三右衛門は、動かざること山のごとく、一念ただ夕日に映ゆる柿の色を求めて止まざりき。

かくて数年は過ぎたり。ある日の夕べ、あわただしくかま場より走り出でたるかれは、

「たき木、たき木」

と叫びつつ、手当りしだいに物を運びて、かまの火にことごとく投じたり。

その夜、喜三右衛門は、かまのかたわらを離れざりき。鶏の声を聞きては、はや心も心にあらず。かまの周囲を、ぐるぐるとめぐり歩きぬ。

夜は、ようやく明けはなれたり。胸をおどらせつつ、やおらかまを開かんとすれば、今しも朝日、はなやかにさし出でて、かま場を照らせり。

一つまた一つ、血走る眼に見つめつつ、かまより皿を取り出しいたるかれは、やがて「おお」と力ある声に叫びて、立ちあがりぬ。

ああ、多年の苦心は、ついに報いられたり。かれは、一枚の皿を両手にささげて、しばしか

ま場にこおどりしぬ。

　喜三右衛門は、やがて名を柿右衛門と改めたり。

　柿右衛門は、今より三百余年前、肥前の有田（ありた）に出でし陶工なり。かれは、その後いよいよ研究を重ね、工夫を積みて、ついに柿右衛門風と呼ばるる、精巧なる陶器を製作するにいたれり。その作品は、ひとりわが国にもてはやさるるのみならず、遠く海外にも伝わりて、名工のほまれはなはだ高し。

八　初冬二題

ゆず

今年も、隣りのゆずが黄ばんだ。
かんとさえた冬空、
太陽が、まぶしく仰がれる。

かさこそと、

竹竿であの木の梢をつついていた
隣りのおじさんは、今いない。
からたちの垣根越しに、ふとほほ笑んで、
「あげようか」と、投げてくれた
おじさんは、よい人だった。
あの時、ざくっとおや指を皮に突き立てたら、
しゅっと、しぶきがほとばしって、
爪(つめ)を黄いろく染めたものだった。

なつかしいゆずのかおり、
わたしは、じっと梢を仰ぎ見た、
今は部隊長になって、
戦地へ行っているおじさんを思いながら。

朝飯

新づけの白菜、

何というみずみずしさであろう。
かめば、さくさくと歯切れよく、
朝の気分を新たにする。

父も、母も、兄も、妹も、
だまって箸を動かしている。
そろって健康に働く家族の、
楽しい朝飯だと思えば、
あたたかい御飯の湯気が、
幸福に、私たちの顔を打つ。

明けて行く朝、
窓ガラス越しに、林が黒い。
からからと、どこかで荷車の音。
白い御飯から、
あたたかいみそ汁から、

ほかほかと、立ちのぼる湯気を見つめながら、
私は、さくさくと白菜をかむ。

九　十二月八日

昭和十六年のこの日こそ、われわれ日本人が、永久に忘れることのできない日である。

この朝、私は、ラジオのいつもと違った声を聞いた。

そうして、

「帝国陸海軍は、本八日未明、西太平洋において、米英軍と戦闘状態に入れり」

という臨時の知らせを聞いて、はっとした。

私は、学校へ急ぎながらも、胸は大波のようにゆれていた。勇ましいような、ほこらしいような、それでいて、底の底には、何か不安な気持があることを知って、

帝國・米英に宣戦を布告す

宣戦の大詔渙發さる

號外

我が陸海軍今暁遂に
米英軍と戦闘状態に入る
西太平洋に決戦の火蓋

「いつ、米英の飛行機が飛んで来るかも知れないのに、こんなことでどうするか」

と、自分で自分を励ました。

朝礼の時間に、校長先生から、戦争の始ったことについてお話があった。

「東亜におけるわが国の地位を認めず、どこまでも横車を押し通そうとした米国、及び英国に対して、日本は敢然と立ちあがったのです。いよいよ、来るものが来たのです。私たちは、もうとっくに、覚悟がきまっていたはずです」

初冬の澄みきった日ざしが、運動場を照らし、窓を通して教室にさし込んでいた。

四時間めに、みんなは講堂へ集った。そうして、その後のようすをラジオで聞いた。

「ハワイ空襲」とか、「英砲艦撃沈」とか、「米砲艦捕獲」とか、矢つぎ早の勝報である。みんな、胸にこみあげるうれしさを押さえながら、熱心に聞き入った。

お昼過ぎには、おそれ多くも今日おくだしになった宣戦の大詔が、ラジオを通して奉読された。君が代の奏楽ののち、うやうやしく奉読されるのを、私たちは、かしこまって聞いた。おことばの一言一句も、聞きもらすまいとした。そのうちに、私は、目も、心も、熱くなって行くのを感じた。

「天佑を保有し万世一系の皇祚を践める大日本帝国天皇」と仰せられる国がらの尊さ。この天皇の御ためなればこそ、われわれ国民は、命をささげ奉るのである。そう思ったとたん、私は、もう何もいらないと思った。そうして、心の底にあった不安は、まるで雲のように消え去ってしまった。

「皇祖皇宗の神霊上に在り」

と仰せられている。私は、神武天皇の昔、高倉下が神剣を奉り、金のとびが御弓の先に止ったことを思った。天照大神が、瓊瓊杵尊にくだしたもうた神勅を思った。神様が、この国土をお生みになったことを考えた。

そうだ。私たち国民は、天皇陛下の大命を奉じて、今こそ新しい国生みのみわざに、はせ参じているのである。勇ましい皇軍はもとより、国民全体が、一つの火の丸となって進む時である。私たち少国民も、この光栄ある大きな時代に生きているのである。

私は、すっかり明かるい心になって、学校から帰った。

うちでも、母は、ラジオの前で戦況に聞き入っていた。

「おかあさん、私は、今日ほんとうに日本の国のえらいことがわかりました」

というと、母も、

「ありがたいおことばを聞いて、まるで天の岩戸があけたような気がしますね。さあ、私たちも、しっかりしましょうよ」

といって、目に涙をためながら、じっと私を見つめた。

十　不沈艦の最期

一

十二月九日の昼過ぎである。

飛行基地の兵舎では、各攻撃隊の指揮官たちが、しきりに作戦をねっている。シンガポール軍港にいる英国東洋艦隊旗艦プリンス・オブ・ウェールズと、戦艦レパルスを、どうしても撃滅しなければならぬ。だが、敵は軍港深くたてこもって、出港するけはいがない。いっそのこと、こっちから出かけて行って、軍港内の主力艦をたたきつけるか。そうだ、明日こそ――

この時であった。哨戒中のわが潜水艦から、「敵艦発見」の第一電が来た。一同、思わず総立ちとなった。

「各部隊、直ちに出発用意」

の命令が、八方へ飛ぶ。

いよいよ出発という時は、日没までわずか一時間余りしかなかったが、各部隊は、こおどりして基地を飛び立った。

のぼっても、のぼっても、雲である。時々、その切れめから海が見える。わが輸送船が、南下して行くのが見えた。雲はますますこくなり、雲の下では、ものすごくスコールがあばれている。めざす地点に来て、雨をついて雲の下へ出てみたが、敵艦の影はなく、やがて夕やみがたちこめて、何物も見ることができなくなった。

「引き返せ」の命令が出た。むちゅうで飛んで来たのが、帰りとなると足が重い。妙に、つかれたような、腹立たしいような気持でいっぱいであった。

二

十日三時四十分、待ちに待ったわが潜水艦から、「敵艦発見」の第二電が来た。今日こそはと、だれの目にも、固い決意がひらめく。整備員は、燃料（ねんりょう）積み込みに大わらわである。

全員整列。ほんのりと夜のとばりが明けて行こうとする基地で、出撃の訓示をする司令の目は、ぎらぎらと光っている。

「千載一遇（せんざいいちぐう）の好機である。全力をつくせ」

「はい、死んで帰ります」

訓示に答えるように、全員のまなざしがこういっている。死というものが、この時ほど容易で、当然に思われたことはなかった。

今日も雲が多い。まず偵察機隊が出発し、八時を過ぎて、大編隊は、数隊に分れて次々に南へ飛び立った。

進むに従って空は明かるく、眼下に点々と、白い断雲がかかる。

何時間か飛んで、まさしく潜水艦の報告した地点まで来たには来たが、どこにも敵艦らしいものは見えない。ただ、青い海原が、はてしなく続くだけである。止むなく反転する。

三

「敵主力艦見ゆ。北緯四度、東経百三度五十五分」

まさしく、わが偵察機の報告である。

反転しつつあったわが隊は、この報をとらえて一路機首を北へ向け、めざすクワンタン東方八十キロメートルの洋上へ、まっしぐら。

続いて、第二報があった。

「敵主力は、駆逐艦三隻より成る直衛を配す」

機内に、どっと喜びの声があがる。搭乗員の目は一つになって、海の上へ焼きつくように注がれる。

おお、見よ。英国が最新鋭をほこるプリンス・オブ・ウェールズを一番艦に、レパルスがこれに続き、駆逐艦三隻が先行しているではないか。各艦のけたてる真白な波が、くっきりと目にしみる。

四

十二時四十五分、

「突っ込め」

の命令である。高度をさげて行くと、敵艦は、いっせいに防空砲火を撃ち出す。すきまもなく炸裂する砲弾を縫って、たちまち爆弾を投下した。大型爆弾が、レパルスに吸い込まれるように落下すると思うと、みごとに後部甲板に命中する。こげ茶色の煙とともに、火焔がぱっともえあがった。

われわれ爆撃機隊は、更に大きく弾幕の中をめぐって、二度めの爆撃に移る。と、この時、わが雷撃機の第一隊が敢然と現れた。

雷撃機隊は、たちまち二隊に分れた。一隊は右からウェールズへ他の一隊は左からレパルスへ襲いかかる。

防空砲火は、必死である。ざあっ、ざあっと、スコールのように、弾丸の幕が行く手をさえぎる。炸裂する弾の破片が、海上一面にしぶきを立てている。

まことに、死の突撃である。だが、わが機は、まるで演習でもするように落ち着いて、極めて正確に、次々と襲いかかった。

一番機が海面すれすれにおりて発射した魚雷が、みごとにウェールズに命中して、胴体から、マストの二倍ほどある水柱があがった。と見るまに、機は艦橋をすれすれに飛び越えながら、激しい掃射を浴びせかける。

レパルスへ襲いかかった一番機の魚雷も、命中する。

両戦艦は、ちょうど大きな鯨（くじら）がもりを食（く）ってあばれるようにもがきながら、大きく針路（しんろ）を変えた。ウェールズは右へ、レパルスは左へ。

すかさず、二番機・三番機が、二艦の針路をねらって、それぞれ右から左から魚雷を発射した。

ウェールズを襲った二番機が、魚雷を放ってその右舷前方にさしかかった時、機はぱっと赤い火を吐きながら、火だるまになって自爆した。それと同時に、魚雷はウェールズの舷側で、みごとに大きな水柱と火焔をあげた。

五

第二・第三の雷撃機隊が、次々に現れて攻撃にかかる。深手を負ったウェールズは、見る見る傾き始めた。四十五度まで傾いて、あわや沈むと思うとたん、ふしぎにもむくむくと起き直った。さすがに、不沈をほこるだけのねばりがあると思わせる。

レパルスは、速力がぐっと落ちてウェールズの後方、二千五百メートルの海上にある。艦はすでに火災を起していたが、砲火はほとんど衰えない。襲いかかるわが一機が、火だるまになる。その自爆と同時に、魚雷がレパルスに命中する。続いてまた一機、これも自爆と命中といっしょである。それを見るたび、

「おのれ」

と、一時に怒りがこみあげる。しかし、それも直ちに消えて、

「ああ、りっぱだ。りっぱな最期だ」

という感じに変る。直立して、この勇士に別れを告げた。

高角砲の目もくらむような光の中で、レパルスの水兵が甲板に倒れている姿が、はっきり見えた。わが爆撃機隊の掃射を避けるように右手で顔をおおっている兵もあった。

大きくめぐってふり返ると、やがてレパルスの最期が来た。一つ大きくゆれたと見る瞬間（しゅんかん）、もくもくと黒煙を残しただけで、海中に沈没した。

「やったぞ。やったぞ。二番艦が、レパルスが、沈んだぞ」

機内総立ちになり、「万歳」を連呼する。この歓喜を胸いっぱいにいだきながら、われわれ爆撃機隊は、引きあげて行った。

六

わが偵察機は、なおも大空をめぐりながら、旗艦ウェールズの最期を見とどけた。

プリンス・オブ・ウェールズは、中央と艦尾から煙を吐きながら、八ノットぐらいの速力で走っていた。船体は、ぐっと左へ傾いている。そのすぐあとから、駆逐艦がついて行く。まもなくウェールズの速力は急に落ちて、ほとんど停止したかと思われた。駆逐艦が寄りそうように、傾いたウェールズにぴたりと横着けになった。そのとたんウェールズから爆発の一大音響が起り、火焔が太く、大きく立ちあがった。続いてもう一度爆発するとともに、不沈艦は、船尾からするするとマレーの海へのまれて行った。

あたり一面油の海に、南の太陽が、きらきらと光っていた。

七

基地へ帰ると、司令は泣いていた。大任を果したわれわれ搭乗員も泣いた。地上勤務の者も泣きながら走り寄って、われわれの手をにぎった。押さえきれない、あらしのような感動が、全員の胸を走りまわるのであった。

それから三日め、われわれの一隊は、もう一度あの戦場の上空を飛んだ。直下には、何事もなかったように、青い波頭がかがやいていた。この波頭へ向けて、大きな花束を落とした。

「敵ながら、最後まで戦いぬいた数千の霊よ。静かに眠れ」

という、われわれの心やりであった。

十一　世界一の織機

「機ばかりいじっていて、おかしなやつだ。男のくせに」

豊田(とよだ)佐吉は、村の人々から、こういってあざけられた。佐吉は、父の大工の仕事を助けて働いていたが、ひまさえあれば、織機のことを調べ続けていたのである。

「いよいよ、あれは気違いだ」

村中にこんなうわさがひろがると、父も、だまってはいなかった。

「おまえは大工のせがれだ。ほかのことを考えないで、みっしり仕事をやってくれ」

とさとしたが、佐吉のもえるような研究熱は、どうすることもできなかった。父は、とうとう佐吉をよその大工の家にあずけてしまった。


この間に立って、佐吉を励ましたり、慰めたりしてくれたのは、母であった。佐吉は、「今にきっと成功してみせます。しばらくお許しください」と、心の中で深く両親にわびた。

佐吉の考えは、こうであった。人間の衣食住というものは、みんな大切なものであるから、布を織る仕事も、決してゆるがせにしてはおかれない。今のような仕方では、みんながきっと困る時が来るに違いない。それには、どうしても、織機をもっともっと進歩させなければならないというのである。

佐吉が、最初目をつけたのは、布を織る時、たて糸の間を縫って行くよこ糸であった。よこ糸は、杼（ひ）によって、右から左、左から右へと往復するのであるが、これを人の手によらず、機械の力で動かすように工夫したかった。機械で動かせば、もっと早く往復するような仕組みになるだろう。更に進んでは、ひとりでに、布がずんずん織られて行くようにもなるであろう。

次から次へと、佐吉の考えは高まって行ったが、わずか小学校を出ただけのかれには、ややもすれば、手のとどきそうもない空想になりがちであった。

たまたま、そのころ東京に博覧会が開かれた。佐吉は上京して、目をかがやかしながら、その機械館へ毎日通った。銀色に光ったたくさんの機械は、まるで生き物のように動いていた。かれは、その精巧な機械を見て感心するとともに、何ともいえない肩身のせまい思いがした。機械は、どれ一つとして、わが日本製のものでなかったからである。

「こんなことでいいのか。日本の将来をどうするのだ」

佐吉は、もうじっとしていられなくなった。

せめて自分のめざしている織機を仕あげて、いつかは、外国を見返してやろうと固く決心した。

それからは、ほとんど昼も夜もなかった。設計図を引いては、組み立てた。組み立てては、それを動かしてみた。だが、思うように動くものは、なかなか生まれて来なかった。佐吉は、一軒の納屋に閉じこもって、一心に考えぬき、これならという一台の織機を作りあげたが、これもまんまと失敗であった。世間からは、ますます笑われて、だれ一人相手にさえしなくなる。貧しさは、ひしひしと身にせまって来る。しかし、佐吉は、「このくらいのことで弱るものか」と、新しい勇気をふるって立ちあがった。

鉄材を使うことができなかったために、すべて木材によって、こまかなところまで作り直して行った。今までの失敗の原因を、みんな取り除いて、面目を一新した設計図ができあがった。さっそく、その組み立てに取りかかり、苦心の末、やっと思い通りの織機ができあがった。験してみると、はたしてよく動いた。

この織機を、村の人々の前で、試運転する日がやって来た。黒山のように集った人たちは、布をみごとに織って行くふしぎな機械に目を見張った。

「よくやった。えらいものだ」

みんなは、こういってほめたたえた。この日、佐吉の織機を操って、りっぱに布を織ってみせた人こそ、佐吉の母であった。明治二十三年、佐吉が二十四歳の時のことである。

翌年、特許を得た。豊田式人力織機は、盛んに国内に使用されるようになった。しかも、かれはこれに満足せず、すぐ動力機械の製造にとりかかった。人の力から、機械の力に移すという、多年の夢(ゆめ)を実現しようというのである。そこで、更に七年間の工夫が続けられ、みごと佐吉の自動織機が完成された。これが、日本における自動織機の始祖である。

明治三十八年は、佐吉にとって忘れることのできない年である。そのころ、わが国で使われていた外国製の自動織機と、左吉の自動織機と、どちらがすぐれているかを験すことになったのが、この年であった。いわば、日本と外国との腕比べである。英国製のものを五十台、米国製のものを十台、佐吉のものを五十台すえつけて、一年にわたる厳しい比較試験が行われた。だが、その結果は、惜しいことに佐吉の負けであった。かれは、愛機の敗因を根気よく調べ、更に新しい工夫をこらして行った。

それから四年め、再び外国製のものと腕比べをする日が来た。努力はついに報いられた。何千本というたて糸のうち、一本でも切れると織機はおのずから止り、よこ糸がなくなれば、新しい杼が代ってとび出して行くなど、まことに簡にして巧みなものであった。機械の取扱いがたやすく、故障が少く、絶えず正確に動くことにおいて、佐吉のものに及ぶものはなかった。

押しも押されもしない「世界一の織機」という光栄が、かれの上にかがやいた。この自動織機の出現によって、日本は、あっぱれ綿布工業国として、世界に乗り出すようになった。

何千台という自動織機が勢ぞろいをして、いっせいに活動し、すばらしい速さで織り出す光

景は、見るからに壮観である。流れ出る綿布を見ていると、あたかも豊田佐吉の愛国的熱情が、ほとばしっているようにさえ感じられる。

十二　水師営

明治三十八年一月五日午前十一時——この時刻を以って、わが攻囲軍司令官乃木（のぎ）大将と、敵の司令官ステッセル将軍とが会見することになった。

会見所は、旅順から北西四キロばかりの地点、水師営の一民屋である。附近の家屋という家屋は、両軍の砲弾のために、影も形もなくなっていた。この一民屋だけが残っていたのは、日本軍がここを占領してから、直ちに野戦病院として使用し、屋根に大きな赤十字旗をひるがえしていたからである。

前日、壁に残っている弾のあとを、ともかくも新聞紙で張り、会見室に当てられた部屋には、大きな机を用意し、真白な布を掛けた。

下見分をした乃木将軍は、陣中にふさわしい会見所の情景にほほ笑んだが、壁に張ってある新聞紙に、ふと目を注いで、

「あの新聞紙を、白くぬっておくように」

といった。新聞紙は、露軍敗北の記事で満たされていたからである。

さきに一月一日、ステッセル将軍は、わが激しい攻撃に守備しきれなくなって、ついに旅順開城を申し出て来た。乃木将軍はこの旨を大本営に打電し、翌日、両軍代表は、旅順開城の談判をすましたのであった。

その夜、山縣参謀総長から、次のような電報があった。

「敵将ステッセルより開城の申し出でをなしたるおもむき伏奏せしところ、陛下には、将官ステッセルが祖国のために尽くしたる勲功をよみしたまい、武士の名誉を保持せしむることを望ませらる。右つつしんで伝達す」

そこで三日、乃木将軍は、津野田参謀に命じて、この聖旨を伝達することにした。命じられた津野田参謀は、二名の部下をつれて、ステッセル将軍のところへ行った。

ステッセル将軍は、副官にいいつけて、軍刀と、帽子と、手袋とを持って来させ、身支度を整えてから不動の姿勢を取った。津野田参謀が、御沙汰書を読みあげると、副官は、これをロシア語に訳して伝達した。

ありがたく拝受したステッセル将軍は、

「日本の天皇陛下より、このようなもったいないおことばをいただき、この上もない光栄であります。どうぞ、乃木大将にお願いして、陛下に厚く御礼を申しあげてください」

といって、うやうやしく挙手の礼をした。乃木将軍が、

　　たむかひしかたきも今日は大君の恵みの露にうるほひにけり

とよんだのは、この時である。

四日に、乃木将軍は、ステッセル将軍に、ぶどう酒や、鶏や、白菜などを送りとどけた。長い間籠城（ろうじょう）していた将士たちに、このおくり物がどれほど喜ばれたことか。

会見の当日は、霜（しも）が深かったが、朝からよく晴れていた。

十一時十分前に、ステッセル将軍が会見所に着いた。白あし毛の馬に、黒い鞍（くら）を置いて乗っていた。その後に、水色の外套（がいとう）を着た将校が四騎続いて来た。

土塀（どべい）で囲まれた会見所に入り、片すみに生えていたなつめの木に、その馬をつないだ。

まもなく、乃木将軍も、数名の幕僚（ばくりょう）とともに到着した。

乃木将軍は、黒の上着に白のズボン、胸には、金鵄勲章（きんしくんしょう）が掛けられてあった。静かに手をさしのべると、ステッセル将軍は、その手を堅くにぎった。思えば、しのぎをけずって戦いぬいた両将軍である。

乃木将軍が、

「祖国のために戦っては来たが、今開城に当って閣下と会見することは、喜びにたえません」

とあいさつすると、ステッセル将軍は、

「私も、十一箇月の間旅順を守りましたが、ついに開城することになり、ここに閣下と親しくおあいするのは、まことに喜ばしい次第です」

と答えた。一応の儀礼がすむと、一同は机を取り囲んで着席した。

ステッセル将軍が、

「私のいちばん感じたことは、日本の軍人が実に勇ましいことです。殊に工兵隊が自分の任務を果すまでは、決して持ち場を離れないえらさに、すっかり感心しました」

というと、乃木将軍は、

「いや、ねばり強いのは、ロシア兵です。あれほど

守り続けた辛抱強さには、敬服のほかありません」

という。

「しかし、日本軍の二十八サンチの砲弾には、弱りました」

「あまり旅順の守りが堅いので、あんなものを引っぱり出したのです」

「さすがの要塞も、あの砲弾にはかないませんでした。コンドラテンコ少将も、あれで戦死をしたのです」

コンドラテンコ少将は、ロシア兵から父のようにしたわれていた将軍で、その日もロシア皇帝の旨を奉じて、部下の将士を集めて、激励していたさなかであった。

「それに、日本軍の砲撃の仕方が、初めと終りとでは、ずいぶん変って来ましたね。変ったというよりは、すばらしい進歩を示しました。たぶん、攻城砲兵司令官が代ったのでしょう」

「いいえ、代ってはいません。初めから終りまで、同じ司令官でした」

「同じ人ですか。短期間にあれほど進むとは、実にえらい。さすがは日本人です」

「わが二十八サンチにも驚かれたでしょうが、海の魚雷が、山上から泳いで来るのには、面くらいましたよ」

うちとけた両将軍の話が、次から次へと続いた。やがてステッセル将軍は、口調を改めて、

「承りますと、閣下のお子様が、二人とも戦死なさったそうですが、おきのどくでなりません。

深くお察しいたします」

とていねいに悔みをのべた。

「ありがとうございます。長男は南山で、次男は二百三高地で、それぞれ戦死をしました。祖国のために働くことができて、私も満足ですが、あの子どもたちも、さぞ喜んで地下に眠っていることでしょう」

と、乃木将軍はおだやかに語った。

「閣下は、最愛のお子様を二人とも失われて、平気でいらっしゃる。それどころか、かえって満足していられる。閣下は、実にりっぱな方です。私などの遠く及ぶところではありません」

それからステッセル将軍は、次のようなことを申し出た。

「私は、馬がすきで、旅順に四頭の馬を飼っています。今日乗ってまいりました馬も、その中

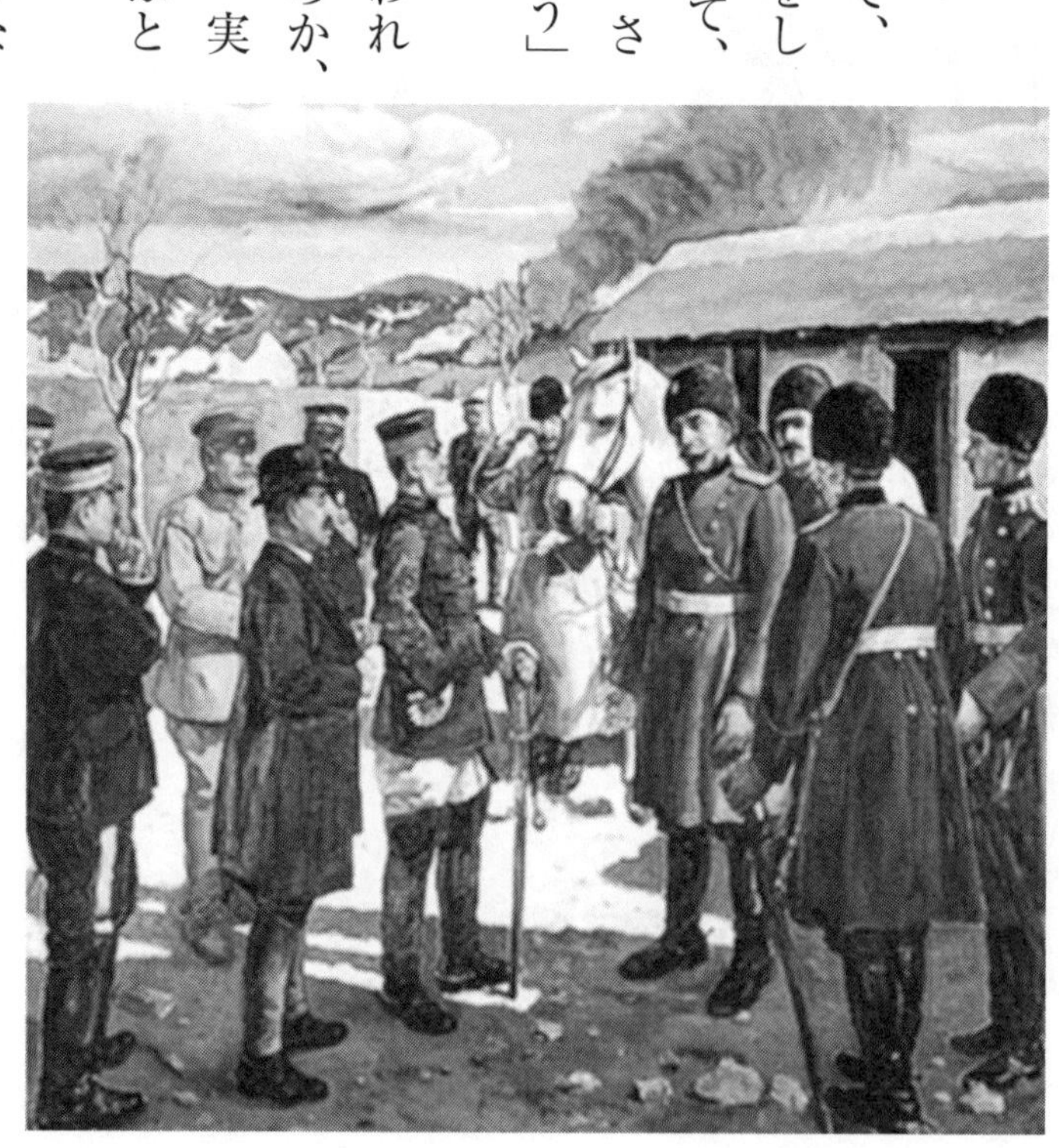

の一頭で、すぐれたアラビア馬です。ついては、今日の記念に、閣下にさしあげたいと思います。お受けくだされば光栄に存じます」

乃木将軍は答えた。

「閣下の御厚意を感謝いたします。ただ、軍馬も武器の一つですから、私がすぐいただくわけにはいきません。一応軍で受け取って、その上、正式の手続きをしてからいただきましょう」

「閣下は、私から物をお受けになるのが、おいやなのでしょうか。それとも、馬がおきらいなのでしょうか」

「いやいや、決してそんなことはありません。私も、馬は大すきです。さきに日清戦争の時、乗っていた馬が弾でたおれ、大変かわいそうに思ったことがあります。今度も、やはり愛馬が弾で戦死しました。閣下から馬をいただけば、いつまでも愛養いたしたいと思います」

「あ、そうですか。よくわかりました」

「ときに、ロシア軍の戦死者の墓は、あちこちに散在しているようですが、あれはなるべく一箇所に集めて墓標を立て、わかることなら、将士の氏名や、生まれ故郷も書いておきたいと思いますが、それについて何か御希望はありませんか」

「戦死者のことまで、深いお情をいただきまして、お礼のことばもありません。ただ、先ほども申しましたが、コンドラテンコ少将の墓は、どうか保存していただきたいと思います」

「承知しました」

やがて用意された昼食が運ばれた。戦陣料理のとぼしいものではあったが、みんなの談笑で食事はにぎわった。

食後、会見室から中庭へ出て、記念の写真を取った。

別れようとした時、ステッセル将軍は愛馬にまたがり、はや足をさせたり、かけ足をさせたりして見せたが、中庭がせまいので、思うようには行かなかった。

やがて、両将軍は、堅く手をにぎって、なごりを惜しみながら別れを告げた。

十三　元日や

元日や一系の天子不二(ふじ)の山　　鳴雪(めいせつ)

雪残る頂一つ国ざかひ　　子規(しき)

島々に灯(ひ)をともしけり春の海　　子規

赤い椿白い椿と落ちにけり　　碧梧桐（へきごとう）

もらひ来る茶わんの中の金魚かな　　鳴雪

たたかれて昼の蚊（か）を吐く木魚かな　　漱石（そうせき）

山門をぎいとどざすや秋の暮　　子規

十四　源氏と平家

宇治（うじ）川の先陣

ころは、正月二十日余りのことなれば、比良（ひら）の高嶺（たかね）の雪も消え、谷々の氷打ち解けて、川水折ふしかさ増したり。白波みなぎり瀬（せ）は高鳴りて、さか巻く水も速かりけり。夜はすでに明け行けど、川霧（かわぎり）深く立ちこめて、馬の毛も甲の色もさだかならず。

大将軍九郎義経、川端に打ち出で、水のおもてを見渡して、人々の心を見んとや思ひけん、

「水の引くをば待つべきか。いかにせん」

といへば、畠山の次郎重忠、生年二十一になりけるが進み出で、

「この川、近江の湖の末にて候へば、待つとも待つとも水ひまじ。重忠、まづ瀬ぶみ仕らん」

とて、五百余騎ひしひしとくつわを並ぶ。

ここに平等院のうしとら、橘の小島が崎より、武者二騎、引つ駈け引つ駈け出で来たり。一騎は梶原の源太景季、一騎は佐々木の四郎高綱なり。人目には何とも見えざりけれど、内々先を争ひけん、梶原は、佐々木に四五間ばかり進みたり。佐々木、

「いかに梶原殿、この川は西国一の大川ぞや。馬の腹帯の延びて見え候ぞ。しめたまへ」

といひければ、梶原、腹帯解いて引きしむる。佐々

木、その間につとはせぬいて、川へさつと打ち入れたり。梶原も続いて入る。梶原、「いかに佐々木殿。水の底には大綱あるらん。心得たまへ」

といひければ、佐々木、刀を抜いて馬の足にかかりたる大綱どもを、ふつふつと打ち切り打ち切り、宇治川速しといへども、生食（いけずき）といふ日本一の馬に乗りたれば、真一文字にさつと渡り、向かふの岸に打ちあげたり。梶原が乗りたる磨墨（するすみ）は、川中より押し流され、はるかの下より打ちあげたり。


佐々木、あぶみふんばり立ちあがり、大音声あげて、

「宇多（うだ）天皇九代の後胤（こういん）、近江の国の住人、佐々木の四郎高綱、宇治川の先陣ぞや」

と名のりたり。


畠山、五百余騎にて打ち渡る。向かふの岸より敵の放つ矢に、畠山、馬の額を射られ、馬はねあがれば、弓杖ついており立ちたり。岩波さつと押しかかれども、畠山ものともせず、水の底をくぐりて、向かふの岸に着きにけり。打ちあがらんとするところに、後よりむづと引くものあり。「たぞ」と問へば、「重親（しげちか）」と答ふ。

「大串（おおぐし）か」

「さん候。あまりに水が速うて、馬をば川中より押し流され、これまでたどり着きて候」

と申す。畠山、

「汝がやうなる者は、いつも重忠にこそ助けられんずれ」

といふまま、大串をつかんで岸の上へ投げあげたり。

投げあげられて立ちあがり、太刀を抜いて額に当て、大音声あげて、

「武蔵（むさし）の国の住人、大串の次郎重親、宇治川のかち渡りの先陣ぞや」

と名のりたり。敵もみかたもこれを聞きて、一度にどつとぞ笑ひける。

敦盛（あつもり）の最期

さるほどに、熊谷（くまがい）の次郎直実（なおざね）は、「一の谷の軍破れ、平家のきんだち、助け船に乗らんとて、みぎはの方へ落ち行くらん。あつぱれ、よき大将に組まん」と思ひ、細道にかかりて、みぎはの方へ急ぎ行く。かかるところに、もえぎにほひの甲着て、黄金作りの太刀をはき、連銭あし毛の馬に乗りたる武者一騎、沖なる船をめがけて、海へさつと打ち入れ、泳がせけり。熊谷、

「あれはいかに。よき大将とこそ見まゐらせ候へ。敵に後を見せたまふな。返させたまへ、返させたまへ」

と、扇（おうぎ）をあげてさし招く。

招かれて取つて返し、みぎはに打ちあがらんとするところに、熊谷、波打際にてむずと組んで、馬よりどうと落ち、取つて押さへて首を取らんと、かぶとをあふのけて見れば、わが子小次郎が年ごろにて十六七ばかり、花のごとき少年なり。熊谷、

「そもそも、いかなる人にておはすらん。名のらせたまへ。助けまゐらせん」

と申せば、

「まづかういふ汝はたぞ」

「ものの数には候はねど、武蔵の国の住人、熊谷の次郎直実」

と名のる。

「さては汝のためにはよき相手ぞ。名のらずとも首を取つて人に問へ。見知りたる者もあるべし」

といふ。熊谷、

「あつぱれ、大将かな。この人一人助け奉りたりとも、勝つべき軍に負くることあらじ。

助けまゐらせん」

とて、後をかへりみければ、土肥・梶原五十騎ばかり出で来たり。

熊谷、はらはらと涙を流して、

「あれ、ごらん候へ。いかにもして助けまゐらせんと思へども、みかたの軍兵満ち満ちて、よものがし候はじ。同じくは直実が手にかけ奉つて、のちのとぶらひをも仕らん」

と申せば、

「ただ、いかやうにも。とくとく首を取れ」

とぞいひける。

熊谷、あまりにいとほしく思ひければ、さてもあるべきことならねば、泣く泣く首を打ちにけり。首を包まんとて、ひたたれを解きて見れば、錦の袋に入れたる笛を腰に指しゐたり。

「あないとほし。このあかつき、城の内にて管絃(かんげん)したまひつるは、この人々にておはしけり。

やさしかりける人々かな」

とて、これを取つて大将義経の見参に入れたれば、見る人涙を流しけり。

のちに聞けば、平の経盛(つねもり)の子、敦盛とて、生年十七にぞなりにける。

能登守教経（のとのかみのりつね）

さるほどに、源平のつはもの、壇（だん）の浦（うら）にて攻め戦ふ。

能登守教経は、今日を最期とや思ひけん、赤地の錦のひたたれに、唐綾（からあや）をどしの甲着て、鍬形打つたるかぶとの緒（お）をしめ、いか物作りの太刀をはき、重籐（しげどう）の弓持つて、敵を散々に射れば、源氏のものども多く手を負ひ、射殺さる。矢も皆尽きければ、大太刀、大長刀（おおなぎなた）を左右に持つて、散々になぎ倒す。

新中納言知盛（しんちゅうなごんとももり）これを見て、教経のもとに使者を立て、

「いたく罪（つみ）作りたまふな。それらはよき敵かは」

といへば、教経、

「さては、大将に組めとや」

とて、敵の船を飛んでまはる。されども義経を見知らざれば、甲かぶとのよき武者を、義経かと目をかけてかけまはる。

義経、目にたつさまはしたれども、かれこれ行きちがへて、教経に組ませず。されども、いかにしたりけん、義経の船に乗り当り、あはやとばかり飛んでかかれば、義経、長刀をわきにかいはさみ、みかたの船の二丈ばかり離れたるに、ゆらりと飛び移る。

教経、早わざにはおとりけん、続いても飛び得ず。今はかうと思ひ定め、太刀・長刀も海へ

投げ、かぶとも脱いで海へ捨てたり。甲の袖、草ずりもかなぐり捨て、胴ばかり着て、大手をひろげて船の屋形に立ち出で、大音声あげて、

「源氏の方にわれと思はん者あらば、教経組んで生け捕りにせよ。寄れや、寄れ」

といひけれども、寄る者一人もなかりけり。

ここに土佐の国の住人、安芸の太郎実光とて、およそ二三十人が力ある大力の者、おのれにおとらぬ家来一人ともなひたり。弟の次郎も、すぐれたるつはものなり。かれら三人寄り合ひて、

「能登殿いかに強くおはすとも、何ほどのことかあるべき。たとへ鬼神なりとも、われら三人がつかみかからば、などか勝たざるべき」

とて、小舟に乗り、教経の船に並べて乗り移り、太刀先そろへて一時に打つてかかる。

教経これを見て、まづ真先に進みたる安芸の太郎が家来を、どうとけて海へ落す。続いてかかる安芸の太郎を、左のわきにさしはさみ、弟の次郎を、右のわきに取つてはさみ、一しめしめて、

「いざ、おのれら、死出の旅の供せよ」

とて、生年二十六にて、海へつつとぞ入りにける。

十五　漢字の音と訓

私たちは、毎日、本や、新聞や、雑誌を読んでいます。時には綴り方や、手紙を書きます。こうして読んだり書いたりする文章は、漢字とかなで書き表されます。

かなは、だいたいきまった音で読みますが、漢字にはいろいろな読み方があります。例えば、「国民学校」の「国」「民」という漢字は、「こく」「みん」と読むほかに、「くに」「たみ」とも読みます。「こく」「みん」という読み方は、漢字本来の発音で、これを漢字の音といいます。「くに」「たみ」は、漢字の訓と呼ばれるものですが、これこそわが国の昔からのことばで、それを漢字に当てて読んだものです。

「国」「民」「年」「島」など、そのほか大部分の漢字は一つの音で読みますが、「木刀」「木目」の「木」は、「ぼく」とも、「もく」とも読みます。また、「銀行」「行列」の「行」は、「こう」「ぎょう」などと読み、「宮城」「神宮」「宮内省」の「宮」は、「きゅう」「ぐう」「く」などいろいろの音で読みます。これは、もともと支那各地で、いろいろな音が行われていたのが、自然わが国へもはいって、それぞれの読みならわしとなったのです。

「国」「民」「靴」「杖」などの訓は、一つですが、「生まれる」「生える」「生きる」「生る」のように、「生」を「うまれる」「はえる」「いきる」「なる」と、いろいろに読みます。これは、「うまれる」「はえる」「いきる」「なる」といったわが国のことばを、漢字の「生」に当てて読んだもので、それらの読み方が、自然「生」の字の訓となったのです。このように、訓にも、音のように二つ以上ある場合があります。

音と訓を持った漢字を、二字以上組み合わせて、ことばが書き表された場合には、どの漢字もすべて音で読むか、または訓で読むのが普通です。「先生」「遠足」「飛行機」「高射砲」などは、音ばかりで読む例で、「神様」「笑顔」「物干竿」などは、訓ばかりで読む場合です。

ところで、「山川」「父母」のように、「さんせん」「ふぼ」、あるいは「やまかわ」「ちちはは」と、音でも訓でも読める場合があります。また、ことばによっては、「重箱」「記念日」のように、上を音、下を訓で読んだり、「手本」「道順」のように、上を訓、下を音で読んだりする場合も、まれにはあります。

漢字には、このように音と訓があり、中には、音訓にいろいろ種類があって、意味の違いや、文のおもしろみを出しているのです。漢字を音で読むか訓で読むか、どの音で読み、どの訓で読むかは、すべて、読みならわしによってきまるのです。殊に、人の姓名や、地名などには、おのおの特別な読み方があります。

私たちが漢字を読む時には、このようにいろいろな漢字の音と訓とに注意して、その場合に応じた、正しい読み方をするようにしなければなりません。

十六　塗り物の話

「工場を見せていただきたいのですが」

「さあ、どうぞこちらへおいでください」

主人に案内された塗り物の工場は、薄暗い土蔵の中である。障子をもれて来る窓際の明かりで、職人が、白木の盆（ぼん）のところどころへ、黒い、やわらかな膏薬（こうやく）のようなものを、細い竹べらでつめている。

「何をつめているのですか」

「こくそというものですよ。米の粉と、おがくずとを、漆（うるし）でねり合わせたもので、木地に、すき間や、きずをなくすために、こうしてつめているのです」

左手で、盆をくるくるまわしながら、熟練した手早さで、職人は、一つ一つのすき間へ、こくそをつめて行く。

次の部屋へはいると、こくそをつめた白木の盆が、うず高く積んである。そのかげで、職人の手が動いている。その手は、盆を一枚一枚、はけでさび色に塗って行く。

「これはさび漆というものです。さび土と漆と、まぜ合わせて作ったものです。さび土は、その土地特有のもので、これがなかなか塗り物には大切なものです」

職人は、話しながらも、仕事の手はちっともゆるめない。

急な階段をのぼって二階へ行くと、そこにも、だまって塗り物を塗っている人たちがいた。

この人たちは、下塗りのできた盆の内側へ、黒い漆を塗って行く。そうして、時々、くじゃくの羽で穂先を作った細い筆で、漆にまじったごみを取っている。

「下塗りは下の部屋でしますが、中塗りと上塗りは、二階の方がいいのです。塗り物には、ほこりが禁物ですから」

主人の話は、中塗りのことになる。

「下塗りができあがると、その上へ、このように中塗りをします。盆のように簡単なものでも、表と裏と同時に塗ることはできません。まず、このように内側を塗って、それを乾かしてから

外側を塗るのです。なかなか手数のかかる仕事です」

そういえば、そばに積まれた中塗りの盆は、内側ばかりが塗ってあって、外側はまださび色のままである。

「このまま自然に乾かすのですか」

「いや、そうたやすくはいきません。この室（むろ）の中をごらんなさい」

といいながら、主人は戸を開いた。上下二段にわかれた戸だなで、中にはわくが仕掛けてある。

「このわくへ、塗った物をはさみます。わくは心棒で支え、時計仕掛で静かに回転させながら、漆がまんべんなく行き渡るようにして乾かします。この時計仕掛が発明されない前は、夜中でも起きて、心棒を手でまわさなければならなかったのです」

なるほど、室の横側には、重い分銅（ふんどう）のついた仕掛があって、時計が時を刻むのと同じように、目に見えないいくらいゆっくりした動きで、わくが回転している。

「漆はよく天気を知っていて、雨か晴かは、その乾き具合ですぐわかるほどです。漆が乾く時には水分を吸収しますが、乾いてしまったら水分を受けつけません。乾かそうと思えば、半日ぐらいでも乾きますが、早く乾かし過ぎると、あとでちぢんで、しわができたり、干割れがしたりします。だから、夏でも冬でも、できるだけ温度と湿度（しつど）に変りのない土蔵が選ばれ、更に、室の中で乾かす必要があるのです」

主人の話に感心しながら、上塗りの部屋へはいる。

下塗りと中塗りができた上へ、上漆をかけて最後の仕あげをする仕方は、中塗りと同様で、ここでも同じような工程がくり返されている。

「これで一通り工場の御案内は終りました。これから、製品陳列室で、できあがった品物を見ていただきたいと思います」

さて、みなさん。私は陳列室へはいって、いろいろな塗り物の並んでいるのを見ましたが、みなさんの周囲には、どんな塗り物があるか気をつけてごらんなさい。そうして、それらが一つ一つ、このようにしてできあがったのだということを、よく考えてください。

十七　ばらの芽

正岡子規

くれなゐの二尺のびたるばらの芽の針やはらかに春雨の降る
松の葉の葉ごとにむすぶ白露のおきてはこぼれこぼれてはおく

雪降れば山よりくだる小鳥多し障子のそとにひねもす聞ゆ

島木赤彦（あかひこ）

土ぼこりうづまき立つや十あまり荷馬車すぎ行く夏草の野路に

若山牧水（ぼくすい）

汽車の来る重き力の地ひびきに家鳴り（やな）とよもす秋の昼すぎ

おとろへし蠅（はえ）の一つが力なく障子にはひて日はしづかなり

伊藤左千夫（いとうさちお）

国こぞり心ひとつとふるひ立ついくさの前に火も水もなし

十八　敵前上陸

わが輸送船団は、マレー半島のコタバルをめざして進んで行った。

折悪しく月明かりだったので、海岸を防備する敵軍は、いち早くわが船団の近づくのを感知した。上陸開始後、まもなく海岸一帯の敵陣から、雨のような猛射を浴びせて来る。

　爆弾をかかえた敵の飛行機は、輸送船団の頭上から襲いかかった。轟然（ごうぜん）、天地をゆするような音響とともに、黒煙は天に立ちのぼった。わが輸送船の一隻が、敵弾のため火を発したのであった。

　兵士は、銃を持ったまま、みんな水中へおどり込んだ。敵の戦闘機の群が、海面すれすれに、悪魔（あくま）のような翼をひるがえして、掃射する。護衛の駆逐艦からも、輸送船からも、波間に浮かぶ舟艇からも、兵士が歯を食（く）いしばって応戦する。一機また一機、黒い翼がぱっと紅の火焔（かえん）を吐いて、まっさかさまに海中へ突っ込んで行く。

　海岸からの敵の銃砲火は、ますます烈しさを加えて来た。泳いでいる兵士の鉄かぶとが、沈むかと思うとまた浮かぶ。そうして、口から鼻から、白い水を吐き

出す。輸送船からは、船員たちが、銃をはなせと声をかぎりに叫び続ける。しかし海岸へ泳ぎ着いた兵士で、だれ一人銃をはなした者はなかった。

海岸へたどり着くと、目の前に屋根形に張られた鉄条網が、行く手をさえぎっている。その後には、とげのある鉄線が張りめぐらされ、更にその後には、屋根型の鉄条網が、厳重に設けられている。そこから五十メートルほど後の方には、帯のような塹壕（ざんごう）と、椰子（やし）の木かげに見えがくれする灰色のトーチカが築かれていて、あらしのように撃ちまくって来る。

ぬれねずみの姿で海岸へはいあがった兵士の身を、かくす物は何一つない。弾丸の夕立の中で、波打際に突っ伏したまま、兵士は身動きもしない。かれらは、両手をそろえて海岸の砂をほった。そのくぼみに頭をかくし、肩をかくし、全身を埋めた。砂の上には、銃剣だけが残っている。兵士は、もぐらのように全身を砂に埋めて、十センチ、二十センチと進んで行く。ぎらぎらと太陽の光を反射させながら、鉄かぶとが銃剣を引きずって動いて行く。砂の上を、ひとりでにすべって行く、ふしぎな銃剣である。

鉄条網が、手のとどくところにせまった。突然、網を切るはさみを持っている兵士が一人、むっくりと起きあがって、敵陣地へ突進する。そのとたん、天地にとどろくような爆音といっしょに、砂煙が、あたりを、おおい包んだ。

「地雷だ、気をつけろ」

部隊長のするどい叫びが伝わった。その声の終らないうちに、またしても、続けざまに二つの轟音がとどろいた。ものすごい砂つぶてが、うつ伏した兵士たちの全身をなぐりつけた。

「その場を動くな」

部隊長の太い声だ。

兵士は、はさみを手に手に持って、次々に鉄条網へいどみかかった。この瞬間(しゅんかん)であった。一つ、二つ、三つと、鉄条網の向こう側に、砂を盛りあげながら、もぐらのように進む皇軍の鉄かぶとの列が見られた。兵士たちは、鉄条網の下をほって、もぐって、くぐり抜けたのだ。兵士たちは、砂の底で、砂といっしょに堅く銃身をにぎりしめた。

「ダーン」と音をたてて、敵の砲弾が兵士の目の前で炸裂(さくれつ)し、あたり一面に、砂ぼこりがたちこめた。兵士は、「わあっ」とときの声をあげ、砂をけ立てて、いっせいに立ちあがった。

突撃だ。第一線の鉄条網を破ってからは、とげのある鉄条網も、屋根型の鉄条網も、まるで枯れ木のようにもろかった。砂にまみれ、血にまみれて突き進む皇軍将士の前には、塹壕も、トーチカも、敵兵も、何もなかった。

十九　病院船

星の夜

病室の患者(かんじゃ)は、よく寝静まっています。だまって椅子(いす)に腰をおろしていると、機関の響きと震動が、からだに伝わって来ます。

少し気分が悪いので、水で顔を洗ってから、病室の中をまわりました。毛布を脱いでいる人に、そっと掛けてあげる。いびきをたてている人、歯ぎしりをしている人、そうした人々の目をさますまいと、気をつけて静かに歩いているのですが、そばへ行くと、ぱっちり目をあける人があって、時々はっとします。

熱の高い患者の氷が解けているので、冷蔵庫から氷を持って来て、みかんの小箱の中でくだきました。三本足の錐(きり)であったのが、二本は折れて一本足になっているので、なかなかくだけません。患者が目をさましそうなので、私

は、箱をかかえて甲板へ出ました。

深夜の空には、ちりばめたように星がかがやいて、船は、黒い漆を流したような海原をけって進んでいます。強い潮風が一時に吹きつけて来て、気分の悪いのも、眠いのも、さらって行ってしまいました。

おかあさん

船は、かなりひどく揺れだしました。今まで、船よいに苦しんだことのなかった私は、船の勤めは話に聞くほど苦しいものでないと思っていましたが、今度は、いよいよやって来たようです。でも、これくらいの波に負けるものかと、ともすればころがりそうになるからだを、はめ板や、手すりにつかまって支えながら、働きました。患者は半数ぐらいよって、ところどころに置いてある吸いがら入れに、吐く音が聞えます。機関の響きのほかに、船腹に当る波の音がものすごく聞え、船内は、何だかそうぞうしく、落ち着かなくなって来ました。よってはならないと、絶えず思い続けて胸をなでおろしていないと、つい患者といっしょになって、吐いてしまいそうです。

夕方になると、海はますますしけて来て、波や風の音が、悪魔の叫びのように、気味悪くなって来ました。重い患者には、船の動揺が禁物です。収容する時には、さほどとも思わなかった一人の患者が、船が揺れだしてから急に悪くなって、全身に冷汗が流れ、目のまわりに黒いかげができて、目の光もにぶくなってしまいました。私は、注射をして脈に注意していましたが、やがて呼吸が不正になり、脈がかすかになったので、軍医殿に知らせました。

軍医殿は、すぐ来られましたが、患者はもう口をきく力もありません。ふいてもふいても、全身から汗がにじみ出ます。おおいかぶさって来る黒いかげでも、払いのけようとするようにもがいているのが、患者の何でもない身振りにも、うかがわれます。ひとしきり、重い静けさが続きましたが、やがて、

「おかあさん」

と、かすかな叫びが聞かれました。満身の力をこめて、出したことばでありましょう。それと同時に、全身の気力は、なくなってしまいました。

何万の敵をものともせず、戦いぬいたこの勇士の頭に、最後にひらめいたのが、二十何年いつくしみ育ててくれた、尊い母の姿であったのでしょう。

あらし

宵番（よいばん）の人が起しに来た声を聞いて、早く白衣に着かえて、病室へ行かなければと思いながら、どんなにもがいても、どうしたことか、からだがききません。海は、ますます荒れているよう

です。よろめきながら、ようやくのびあがって、衣紋掛から白衣を取りはずすと、またへなへなと、寝床に、からだがたたまってしまいました。靴下は、横になったままで、どうにかはきました。

「しっかりしろ。しっかりしろ」

と、だれかが耳もとでささやくようですが、だれもいるのではありません。とたんに、私の頭の中には、病室で苦しんでいる患者の顔が浮かんで来ました。

「そうだ。これくらいのことで――かぎりある身の力ためさん」

私のからだは、すっくと立ちあがって、白衣を着ていました。

内地に着きさえすれば、完全な治療をする病院が、この勇士の患者たちを待っている。それまでの間、どうとでもして看護の手を尽くし、無事に送り届けてあげなければ――こう思った私は、もう船の動揺にもよろめかない足取りで、病室へ向かっていました。

二十　ひとさしの舞

一

高松の城主清水宗治は、急いで天守閣へのぼった。見渡すと、広い城下町のたんぼへ、濁流がものすごい勢で流れ込んで来る。

「とうとう、水攻めにするつもりだな」

この水ならば、平地に築かれた高松城が水びたしになるのも、間はあるまい。押し寄せて来る波を見ながら、宗治は、主家毛利輝元を案じた。この城が落ちれば、羽柴秀吉の軍は、直ちに毛利方を攻めるに違いない。

主家を守るべき七城のうち、六城がすでに落ちてしまった今、せめてこの城だけでも、持ちこたえなければならないと思った。

宗治は、城下にたてこもっている五千の生命をも考えた。自分と生死を共にするといっているとはいえ、この水で見殺しにすることはできない。中には、女も子どももいる。このまま、じっとしてはいられないと思った。

軍勢には、ちっとも驚かない宗治も、この水勢には、はたと困ってしまった。

二

さきに、羽柴秀吉と軍を交えるにあたり、輝元のおじ小早川隆景（たかかげ）は、七城の城主を集めて、

「この際、秀吉にくみして身を立てようと思う者があったら、すぐに行くがよい。どうだ」

とたずねたことがあった。その時、七人の城主は、いずれも、

「これは意外のおことば。私どもは、一命をささげて国境を守る決心でございます」

と誓った。隆景は喜んで、それぞれ刀を与えた。宗治は、

「この刀は、国境の固め。かなわぬ時は、城を枕に討死せよというお心と思います」

と、きっぱりといった。

更に秀吉から、備中（びっちゅう）・備後（びんご）の二箇国を与えるから、みかたになってくれないかとすすめられた時、宗治が、

「だれが二君に仕えるものか」

と、しかりつけるようにいったこともあった。

こうした宗治の態度に、秀吉はいよいよ怒って、軍勢をさし向けたのであるが、智勇すぐれた城主、これに従う五千の将士、たやすくは落ちるはずがなかった。

すると、秀吉に、高松城水攻めの計を申し出た者があったので、秀吉はさっそくこれを用い、みずから堤防工事の指図をした。夜を日に継いでの仕事に、さしもの大堤防も、日ならずして

できあがった。

折から降り続く梅雨のために、城近くを流れている足守(あもり)川は、長良(ながら)川の水を集めてあふれるばかりであった。それを一気に流し込んだのであるから、城の周囲のたんぼは、たちまち湖のようになった。

三

毛利方は、高松城の危いことを知り、二万の援軍を送ってよこした。両軍は、足守川をさしはさんで対陣した。

その間にも、水かさはずんずん増して、城の石垣はすでに水に没した。援軍から使者が来て、

「一時、秀吉の軍に降り、時機を待て」

ということであったが、そんなことに応じるような宗治ではない。宗治は、あくまでも戦いぬく決心であった。

そこへ、織田信長(おだのぶなが)が三万五千の大軍を引きつれて、攻めて来るという知らせがあった。輝元はこれを聞き、和睦(わぼく)をして宗治らを救おうと思った。安国寺の僧恵瓊(えけい)を招き、秀吉方にその意を伝えた。和睦の条件として、毛利方の領地、備中・備後・美作(みまさか)・因幡(いなば)・伯耆(ほうき)の五箇国をゆずろうと申し出た。

秀吉は、承知しなかった。すると意外にも、信長は本能寺の変にあった。これには、さすがの秀吉も驚いた。そうして恵瓊に、

「もし今日中に和睦するなら、城兵の命は、宗治の首に代えて助けよう」

といった。

宗治はこれを聞いて、

「自分一人が承知すれば、主家は安全、五千の命は助る」

と思った。

「よろしい。明日、私の首を進ぜよう」

と宗治は答えた。

四

宗治には、向井治嘉という老臣があった。その日の夕方、使者を以って、

「申しあげたいことがあります。恐れ入りますが、ぜひおいでを」

といって来た。宗治がたずねて行くと、治嘉は喜んで迎えながら、こういった。

「明日御切腹なさる由、定めて秀吉方から検使が参るでございましょう。どうぞ、りっぱに最期をおかざりください。私は、お先に切腹をいたしました。決してむずかしいものではござ

いません」

腹巻を取ると、治嘉の腹は、真一文字にかき切られていた。

「かたじけない。おまえには、決して犬死をさせないぞ」

といって、涙ながらに介錯(かいしゃく)をしてやった。

その夜、宗治は髪を結い直した。静かに筆を取って、城中のあと始末を一々書き記した。

五

いつのまにか、夜は明けはなれていた。

身を清め、姿を正した宗治は、巳(み)の刻を期して、城をあとに、秀吉の本陣へ向かって舟をこぎ出した。五人の部下が、これに従った。

向こうからも、検使の舟がやって来た。

二そうの舟は、静かに近づいて、満々とたたえた水の上に、舷(ふなばた)を並べた。

「お役目ごくろうでした」

「時をたがえずおいでになり、御殊勝に存じます」

宗治と検使とは、ことばずくなに挨拶を取りかわした。

「長い籠城に、さぞお気づかれのことでしょう。せめてものお慰みと思いまして」

といって、検使は、酒さかなを宗治に供えた。

「これはこれは、思いがけないお志。えんりょなくいただきましょう」

主従六人、心おきなく酒もりをした。やがて宗治は、

「この世のなごりに、ひとさし舞いましょう」

といいながら、立ちあがった。そうして、おもむろに誓願寺の曲舞を歌って、舞い始めた。五人も、これに和した。美しくも、厳かな舞い納めであった。

舞が終ると、

浮世をば今こそわたれもののふの名を高松の苔にのこして

と辞世の歌を残して、みごとに切腹をした。五人の者も、皆そのあとを追った。

検使は、宗治の首を持ち帰った。秀吉は、それを上座にすえて、「あっぱれ武士の手本」といってほめそやした。

附録

一　土とともに

ひでり

今年は、ひでりだ。張(ちょう)は、うらめしそうに天を仰いだ。もう、何度雨ごいをしたか知れない。けれども、雨雲一つ浮かんでは来なかった。

「この村に、きっと不信心者がいるんだ」

「だれだ」

「だれだ」

農夫たちは、口々にそんなことをいった。

畠の土が、ぽこぽこに乾ききっている。黄色な土が、すっかり白っぽくなった。せと物のように固くなり、ひびがはいった。

花をつけようとした麦が、そのまま枯れて、見えるかぎりの麦畠は、しらがになった。たべる物が、だんだんなくなって来る。大事にしまっておいた倉(くら)の物も、あと、いくらもなくなってしまった。

「張さん、何か恵んでください。うちの子どもが、うえています」

張は、自分の二人の息子のことを思い、倉には、ほとんど物のないことも思った。それでも、張は、倉から麦粉を出して来た。

「ありがとうございます。これで、子どもたちは、生き延びましょう」

井戸の水も、かれて来る。

「おとうさん、どこかへ行きましょう」

二人の子どもは、こういってせがんだ。けれども、張はだまっていた。

「おとうさん、御飯のあるところへ行きましょう」

「――」

「おかあさんも、いっしょに行きましょうね」

張は、突然大きな声でどなった。

「どこへ行こうというのだ。干ぼしになっても、ここを離れることはできない」

大水

ある年は、雨続きであった。来る日も、来る日も、ざんざん降った。

「これでは大水だな」

張は、遠くを流れている川の音に、耳をすました。

一たび、この川があふれたが最後、ここらあたりは、海のようになってしまう。畠はもちろんのこと、家でも、土塀でも、樹木でも、廟でも、みんな水びたしになって、くずれてしまうのだ。

「水には、かなわない。立ちのこう」

張は、夜具をかつぎ、手に麦粉と塩をさげ、妻は、なべや、やかんや、布ぎれなどを持った。

二人の子どもは、茶わんや、紙や、油や、マッチを持った。

「もう、こんなところには来ないね。おとうさん」

「おとうさん、わたしも、こんなところはいやだよ」

「何をいっている。水さえ引けば、すぐここへもどって来るのだ」

水を逃げて行く農夫の群が、あちらにも、こちらにも、雨に打たれて動いていた。

いなご

「おお、今年こそは豊年だ」

張は、よく実のりかけた麦畠を見渡しながら、「何年ぶりかで、倉がいっぱいになるな」と思った。

張は、子どもたちと約束した物を、ふと思い出した。たこがあった。笛があった。なつめの砂糖づけもあった。

こんなことを思いながら、地平線を見た。すると、にわかに黒い雲がわいて来た。それが、みるみる近づいて来る。

雲ではなかった。いなごの大群だ。

「いなごだ、いなごの大群だ」

「おうい、おうい。いなごだぞう」

「いなごだぞう」

農夫たちは、ほうきを持ったり、たいまつを持ったりしたまま、うわのそらで、天を見ているばかりである。

いなごの群は、雨のように、ざあっと畠に降った。作物は、ひとたまりもなく、むざんに食い荒されてしまった。

明月

五風十雨、今年は、何とありがたい年であったろう。粟(あわ)も、大豆も、こうりゃんも、これ以上実のれないというほど、ゆたかにみのった。

今日は夜明けから、張の家では、麦刈をやっていた。いくら汗が流れても、楽しい汗であった。いくら、腰や腕がつかれても、こころよいつかれであった。

「これで、もう大丈夫。こんどこそ安心」

長い麦の一うねを刈りあげるたびに、こんなひとりごとをいった。子どもたちとの約束が、果せると思っただけでも、張はうれしくてならなかった。

仲秋(ちゅうしゅう)明月の夕暮である。

畠から大きな月が出て来た。

庭へ出した机の上に、梨(なし)やぶどうを供えた。

紅(べに)をつけたお菓子もかざった。

ろうそくには、火がともった。風のない静かな月の出である。二人の子どもは、笛を合わせて吹いている。

張は、しみじみと幸福にひたった。

二　愛路少年隊

交通路は、ちょうど、人間でいえば血管のようなものである。もし、血管に少しでもさしさわりがあれば、からだの働きも望めないように、交通路に故障が起れば、国の活動は、たちまちとどこおることになる。殊に支那のように、広くて大きな国では、交通路が何よりも大切である。

交通路には、鉄道があり、自動車道路があり、水路があって、北支那だけでも、これらの延長は、約二万六千キロにもなるといわれる。更に、中支那・南支那のものを合わせたら、実におびただしい数字にのぼるであろう。

この長い長い交通路を、りっぱに整え、安全に保つことができないうちは、支那の活動も、発達も望めない。北支那に愛路村という地域が設けられたわけも、ここにある。

愛路村というのは、交通路を愛し、これを守る村のことで、道の両側おのおの十キロ以内のところを、これに当てている。愛路村に住んでいる青年は、愛路青年隊を組織し、女子は婦女隊を組織し、少年たちは、愛路少年隊を組織しているのである。

愛路少年隊には、十一歳から十七歳までの少年がいて、みんな元気のよい顔に、国防色の制服を着て、樫の棒をかつぎながら堂々と行進する。こうした訓練を受けたのち、少年たちは、それぞれの任務を帯びて、受持の場所につく。

あれほど広い支那のことであるから、今でも日本の真意がわからないで、いつ心得違いのらんぼう者が、現れないともかぎらないからである。

愛路少年隊には、次のような美談がある。

ある少年が、鉄道のこわれているのを見つけた。急いで本隊に報告しようと思って走って行くと、向こうから列車が進んで来る。このままにしておけば、列車は、ひっくりかえるばかりだ。少年は、線路の上に二王立ちになり、持ち合わせていた布を振って、やっと列車を少年の寸前で止めた。

ある少年は、自動車道路の見張りを受け持っていたが、急病で寝込んでしまった。といって、その任務は、しばらくも捨てておくことができない。

そこで、少年の老父が、これに代って見張りに出かけた。折悪しくあらしになって来た。がけを曲ろうとした時、烈しい風が吹いて来て、父親を深い谷あいに落してしまった。こうして、父親は、少年の身代りとなった。

楊という少年がいた。ある夜、これも鉄道線路がこわされているのを発見し、地だんだふんでくやしがった。かれは、すぐその悪者がどこから来たか、どこへ逃げて行ったか、何名来たか、それらを調べ始めた。悪者といっても、村の良民と違った着物を着ているわけでもなければ、ことばが変っているわけでもない。これをさがし出すのは、非常に困難であり、みんなは、何の手がかりもないこの調査を、打ち切ろうといい出した。楊少年は、「自分の村に起ったことだ。どうしてもさがし出さなければならない」といって、止めなかった。

ある日の夕方、かれは村の墓地を通っていた。すると、そこにかくれていたあやしい者が、三人現れた。楊少年は、てっきりこれだと思った。急いで報告しようと決心し、いっさんに走り出した。すると、三人もあとを追いかけた。追いつけないと思った一人が、いきなり手投げ爆弾を投げつけた。爆弾は、大きな音をたてて破裂し、その破片が、楊少年の肩や背にあたった。少年は、気を失った。悪者たちは、そのままどこかへ姿をかくしてしまった。

この物音に驚いて、村の人たちがかけつけてみると、楊少年が倒れている。さっそく病院へかつぎ込んで、みんなで介抱したが、その夜は、ただ眠り続けているばかりであった。

あくる朝になって、始めて目をさました。楊少年は、苦しい息の下から、

「悪者が三人、あの墓地に――」

と叫ぶようにいった。そうして、またすやすやと眠りだした。まもなく、楊少年は、また何かいおうとして口を動かしている。耳を寄せて聞くと、

「ニッポン、バンザイ」

といっている。それっきり、少年の息は絶えてしまった。

三　胡同風景

北京の町には、胡同が網の目のように通じている。胡同というのは、小路のことである。

どこの家も、高い土塀を立てめぐらしているので、小路は、おのずから高い土塀続きになっている。あまり道幅もない両側の土塀の上から、えんじゅの枝や、楊の木や、ねむの枝などが、ずっと延び出している。いわば、胡同は一本の管になって、どこからどこまでも、つながっている感じである。

一見、何の曲もないようなこの胡同ではあるが、ここに住んでいる子どもたちにとっては、かけがえのない楽しい遊び場所であり、大きくなってからのなつかしい思い出となる天地である。冬は冬で、風当りの少ない胡同の広場に、子どもたちがたむろして、日だまりを楽しみ、夏は夏で、ひんやりとした土塀の日かげを選んで、風の通り道で遊んでいる。

遊ぶといっても、別におもちゃや絵本などを持って、遊ぶわけではない。その辺を走ったり、地べたに尻(しり)もちをついて、穴をほったり、土で団子のようなものをこしらえたり、遠くの方から響いて来るいろいろな物音に、耳を傾けたりしているのである。

物音には、いろいろなものがある。まず、物売りが鳴らして来る鳴り物の音がおもしろい。

床屋が通る。客の腰掛ける朱塗(しゅぬ)りの椅子や、洗面器(せんめん)や、道具を入れた、これも朱塗りの箱を、てんびん棒でかついでやって来る。片手には、大きな毛抜きのようなものを持ち、片手には鉄棒をにぎっていて、時々、毛抜きを鉄棒で勢よくしごく。すると、「ビューン」とあとを引くような響きがする。その「ビューン」がはたと止ると、そこでは、どこかの子どもが、もう頭をつるつるにそられているのである。

糸屋が来る。荷車を引きながら、ゆっくり歩いて来る。でんでんだいこのような、ブリキのつづみを鳴らしてやって来る。「チャカチャン、チャカチャン」と、軽やかな、はずむような音をたてる。すると、どこからともなく女の人たちが集って来て、糸屋さんを取り巻く。黄色や、紅白の糸たばがくりひろげられて、しばらくは話がにぎやかに続く。

いかけ屋が来る。これも、いろいろな道具を入れた荷をかついでいる。前の荷の上に、小さなどらをぶらさげておき、その両側に分銅(ふんどう)をつるしておく。歩いて行くと荷が揺れて、自然に分銅がどらに当る。「ボーン」と、かわいらしい音をたてる。

どらにも大小さまざまがあって、音色も違うし、同じ大きさのどらでも、その打ち方によって音が違う。「あの音は、おもちゃ屋さんだ」「今のはあめ屋さんだ」と、それぞれすぐわかる。

その中で、いちばんさわがしくて、大きな音をたてるのは、猿まわしのどらであろう。「ジャン、ジャン、ジャン」と、激しくたたいておいて、手のひらで、どらを急に押さえるので、「ジャン、ジャン、ジャッ」というように聞える。これを聞きつけて、子どもが大勢集る。まるく輪になったその中で、猿がさまざまな芸(げい)をする。三国志(さんごくし)とか、西遊記(さいゆうき)といった支那の昔物語をやるつもりなのだが、猿は途中で、きょとんとして止めてしまった

り、とんでもない別のことを演じたりする。それが、見ている人にはかえっておもしろく、笑い声が絶えない。猿まわしは、猿を使ったり、せりふをいったり、はやしを入れたりしなければならないので、なかなかいそがしい。

子どもの見ものでは、このほかに影絵がある。日暮れ時の胡同の広場などに、影絵の舞台(ぶたい)をこしらえて、そこで人形をあやつる。ほのぼのとした影が揺れながら動くのは、子ども心を引きつけて止まない。思わず夜のふけるのも知らないで、見とれてしまう。ふと気がついて、子どもたちは、あわてて家にもどって行ったりする。

鳴り物を使わないで、呼び声でやって来る者もいる。まんじゅう屋がそうだ。朝早く大きな声で叫びながら、ふれ歩いて来る。やっと目がさめたころ、遠いところを通るその声を聞くのは、夢(ゆめ)の中の声のように思われる。

春は、苗売りがやって来る。

夏は、金魚売りがやって来る。「さあさあ、金魚をお買いなさい。大きな金魚に、小さな金魚」こんなことをいって通る。

アイスクリーム売りがやって来る。「おいしい、おいしいアイスクリーム。においも砂糖もおおまけだ」と歌う。

秋には、なつめ売りもやって来る。ぶどう売りもやって来る。たとえ鳴りものであろうと、呼び声であろうと、管のような胡同には、それがふしぎなほどよく響き渡る。

このように、いろいろな物音が響くが、何といってもいちばん耳に親しいものは、水を運ぶ一輪車の音であろう。水に不便な北京城内では、一軒一軒、水を運んで行かなければならない。大きな水槽をのせた一輪車が、「キリキリ、リリリ」ときしみながら、かん高い響きをたてる。だから、車の動いている間、絶え間なく「キリキリ、リリリ」が響く。夏の日には、この音が涼味をさそい、冬の日は、いかにもさむざむとした気持を起させる。

夜の胡同は真暗なので、それこそ鼻をつままれてもわからないほどである。それだけに、空が美しい。月が出ていれば、出ていたで美しく、星の夜であれば、また更に美しい。青みがかった明かるい夜空に、南京玉のような星がばらまかれて、一つ一つが、かがやいている。

胡同に面した家々の門には、連が書かれてある。めでたい文句であったり、詩の一節であっ

たりするが、いずれもりっぱな文字で書かれてある。小さな子どもは、絵も字もわからないころから、この門柱の連を眺めている。ただ美しいかざりのような気持で眺めている。それが、だんだん大きくなって文字であることがわかり、その文字の意味がわかって来ると、いっそうその連の美しさが心に刻まれて来る。隣りの家の連がわかるようになり、向こうの家の連もわかるようになって行く。

正月には、門の戸びらに、真赤な紙にめでたい文字を書いた春連が張りつけられる。子どもたちは、その新鮮なかざりに正月気分を味わう。

春になると、鳩笛（はとぶえ）が天から響いて来て、胡同をにぎわわせる。鳩笛というのは、鳩に笛を結びつけて飛ばすのである。飛ぶと、風を受けてその笛が鳴る。笛には大小があるから、鳩が群になって飛んで来ると、笛の音がいろいろに鳴って、それこそ天上の音楽である。中庭のあんずが咲いて、花びらが胡同へちらちらと降って来るのも、このころである。

楊（やなぎ）のわたが、どこからともなくたくさん舞って来る。小さな光ったわたが、土塀の片すみにたまる。ふわふわとまるまるくなって、風が吹いて来ると、ころころところがり出す。子どもたちは、それをつかもうとして追いかける。

大通を、豚がぞろぞろと歩いて行く。その鳴き声が胡同に響いて来る。

あひるが、「があがあ」とさわいで行く。

花嫁行列のラッパの音が、どこかで響く。子どもたちは、またそちらの方へ走って行く。

胡同は、子どもたちを育ててくれる母のふところのようなものである。子どもたちは、この中で自然の美しさにひたり、人情の温かさを吸って、おおらかにのびて行く。

初等科国語　七

一　黒龍江の解氷

五尺もある厚い氷、
遠い両岸の間をぎっしりと張りつめていた氷、
その下で、眠っていた黒龍江が、
ひとつ大きなあくびをしてから、
春のいぶきをいっぱいに吸い込んだ。

めりめりと氷が割れる、
砕ける、
地響きをたてながら。
半年も地面のように動かなかった川が、
今、動きだした。
あちら、こちらに川波が光りだした。
ああ、自然の大きな脈搏。

松花江をのみ、
ウスリー江をのみ、
はるかオホーツクの海へ向かって、
「はあ」と冬のなごりを吐く。

暗黒色の流れにあおられ、
氷塊と氷塊がつきあたり、
噛(か)みあい、のしかかり、
でんぐりかえり、
群がって流れる。

やがて黒龍江は、やさしい手をひろげ、
わが子のように満洲をだきかかえて、
春の歌を歌う。

二　永久王

一

陸軍幼年学校の制服をお召しになった北白川宮永久王は、母宮殿下の御前にお立ちになった。

「ただ今、北海道から帰ってまいりました。これは、おみやげにと思いまして、求めてまいった黒竹の杖でございます」

王は、お持ち帰りになった杖を、母宮殿下におあげになった。

それをお受け取りになった母宮殿下は、

「この杖をこうして持っていると、永久に手を引かれているようです」

と仰せられ、やさしく王を御覧になって、にっこりお笑いになった。

二

晴れた夏の空が、武蔵野の上におおいかぶさっている。

陸軍士官学校予科を御卒業になった王は、士官候補生として、今日も武蔵野を縦横にかけめぐりながら、演習をなさっていた。

今まで晴れていた空が急に暗くなって、大粒の雨が降りだした。

演習が終って、王は、一軒の農家の軒先にお立ちになった。御軍帽のひさしからは、雨のしずくがしたたり落ち、御軍服は、しぼるようにぬれていた。

「雨で、殿下には、さぞお困りになったことでありましょう」

と、中隊長が申しあげると、王は、

「二月余りも雨が降らなかったから、この雨で、農家はさぞ喜ぶことでしょう。ほんとうによい雨です」

とおっしゃって、水晶(すいしょう)のすだれを掛けたように降りしきる雨を、いかにも気持よさそうにお眺めになった。

三

昭和十五年の春。

陸軍砲兵大尉の御軍装で、王は、母宮殿下の御前に不動の姿勢でお立ちになった。母宮殿下は静かにおっしゃった。

「永久のからだは、お上におささげ申したものですから、決死の覚悟で、御奉公なさるように」大命を拝されて、王は蒙疆（もうきょう）の地へ御出征になる。その最後のお別れに、母宮殿下に御挨拶（ごあいさつ）を申していらっしゃるのであった。

「陛下のおんため、力の続くかぎり戦いぬく覚悟でございます。どうぞ御安心くださいませ」

王は、母宮殿下にじっと御注目になり、敬礼をあそばされた。

母宮殿下も、御満足そうに王のお顔を御覧になり、心もち御頭をおさげになって、御答礼をあそばされた。

四

広々とした蒙疆の原野、第一線における王の御宿舎は、粗末な蒙古の住民の家である。

軍務のおつかれで、王は、ある夜しばしかり寝のゆめをお結びになっていたが、あたりのさわがしさで、目をおさましになった。

「お目ざめでございますか。せっかくの御熟睡（ごじゅくすい）をおさまたげいたしまして、申しわけもございません」

おつきの者が、恐る恐る申しあげると、

「何か起ったのか」

とやさしくお問いになった。

「いや、ほかでもございません。この附近の住民が病気で、今にも死にそうだと申しているのでございます」

「病気。それは気のどくだ」

王は、こうおっしゃって、一服の薬をお取り出しになった。

「これを飲ませておやり」

と、おつきの者にそれをお渡しになった。

翌朝、王の御宿舎の前には、蒙古の住民たちが並んでいた。王のお情けに、心からお礼を申しあげるためであった。

五

「十時二十分、戦闘たけなわなる時、宮機を迎うるの光栄に浴す。将兵一同感激にたえず」

第一線から飛行機でお帰りになった王は、武官のさし出すこの電報を御一読ののち、今飛んでおいでになったはるかかなたの空を、もう一度ふり返って御覧になった。

砲煙弾雨の間、王は、彼我の戦況を御偵察（ていさつ）になって、作戦の御指導をなさったのである。第一線の将兵たちは、この電文が示すように、ひたすら光栄に感激して、勇気百倍したのであった。

六

昭和十五年九月六日、防空演習で帝都は夜のやみにとざされていた。その中を、王の御なきがらを奉安する御ひつぎの車は、儀仗隊の護りもいかめしく、立川飛行場から、静かに高輪の御殿へお進みになっていた。

午後八時ごろ、御ひつぎの車は、御殿にお着きになった。正門の前には、お四つでいらっしゃる若宮道久王殿下が、喪章をつけない日の丸の小旗をお持ちになって、父宮の御凱旋をお迎えあそばされていた。

「名誉の御凱旋をなさるのですから、心の中で万歳を唱えてお迎えするのです」

とおっしゃった祖母宮殿下のおいいつけ通りになさったのであろう。

御ひつぎは、表玄関から、母宮殿下の御居間、桜の間にまずおはいりになった。

王が幼年学校の生徒でいらっしゃった時、北海道からお帰りになって御挨拶をなさったのも、蒙疆へ御出征の時、最後の御対面をなさったのも、この同じ桜の間であった。

その御居間で、神におなりになった王に、母宮殿下は、母君としての御慈愛に満ちたお迎えのおことばを、親しくおかわしになったのであった。

三　御旗の影

笠置の城

そもそも笠置の城と申すは、山高くして一片の白雲峯を埋め、谷深くして万丈の青岩道をさへぎる。つづら折りなる道をあがること十八町、岩を切つて堀とし、石をたたんで塀とせり。たとへ防ぎ戦ふ者なくとも、たやすくのぼるべきやうなし。

されども城中鳴りを静めて、人ありとも見えざりければ、官軍はや落ちたりと思ひて、賊の寄せ手七万五千余騎、堀・がけともいはず、かづらに取りつき岩の上を伝ひて、一の木戸口の辺まで寄せたりけり。

ここにて一息休めて、城の中をきつと見あぐれば、錦の御旗に日月を金銀にて打つて着けたるが、天日にかがやき渡り、そのかげに甲武者三千余人、かぶとの星をかがやかし、甲の袖を連ねて、雲霞のごとく並びゐたり。そのほか、やぐらの上、矢ざまのかげには、射手とおぼしき者ども、弓のつるをくひしめし、矢束ね解いて待ちかけたり。その勢決然として、あへて攻むべきやうもなし。寄せ手これを見て、進まんとするもかなはず、引かんとするもかなはずして、心ならずも支へたり。

しばらくありて、木戸の上なるやぐらより、名のりけるは、

「三河の国の住人、足助の次郎重範、かたじけなくも一天の君に命をささげまゐらせて、この城の一の木戸を堅めたり。前陣に進みたる旗は、美濃・尾張の勢と見るはひが目か。万乗の君のおはします城なれば、六波羅殿や御向かひあらんと心得て、大和鍛冶のきたへ打つたる矢じりを少々用意仕りて候。一筋受けて御覧じ候へ」
といふままに、三人張りの弓に十三束三伏せの矢をつがへ、満月のごとく引きしぼり、しばし堅めてちようと放つ。

その矢、はるかなる谷をへだてて二町余りのかなたに控へたる荒尾の九郎が甲を通して、右の脇腹までぐざと射込む。一矢なれども必殺のねらひなれば、荒尾馬より逆さまに落ちて、起きも直らず死しけり。

弟の弥五郎これを敵に見せじと、矢面に立ちふさがりていひけるは、
「足助殿の御弓勢、日ごろ承り候ひしほどはなかりけり。ここを遊ばし候へ。御矢一筋受けて、甲をためし候はん」
と、胸をたたいて立ちたりけり。

足助これを聞きて、「この者、甲の下に腹巻を重ねて着たればこそ、前の矢を見ながら、ここを射よと胸をたたくらん。もし甲の上を射ば、矢じり砕け折れて、通らぬこともあらん。かぶとの真向を射たらんに、などか通らざるべき」と思案して、

「さらば一矢仕り候はん。受けて御覧じ候へ」

といふままに、十三束三伏せ、前よりもなほ引きしぼりて、手答へ高くはたと射る。思ふねらひを違へず、弥五郎がかぶとの真向砕きて、眉間(みけん)の真中をぐざと射込みたりければ、二言ともいはず、兄弟同じ枕に倒れ重なつて死にけり。

これを軍の初めとして、大手・からめ手、城の内、をめき叫んで攻め戦ふ。矢叫びの音、ときの声、しばし止む時なかりけり。

寄せ手いよいよ重なつて、木戸口の辺まで攻め来たる。ここに本性房(ほんじょうぼう)といふ大力の僧、衣の袖を結んで引き違へ、百人にても動かしがたき大石を、かるがると脇にさしはさみ、まりのごとく二三十、続け打ちにぞ投げつくる。数万の寄せ手、どうと打ちすゑられ、なだれを打つて人馬落ち重なる。さしもに深き谷々、死人にて埋まりけり。

これよりのちは、寄せ手雲霞のごとしといへども、城を攻めんといふ者なく、ただ四方を囲みて、遠攻めにこそしたりけれ。

稲村が崎(さき)

明け行く月に敵の方を見渡せば、北は山高く道けはしく、数万のつはもの陣を並べて控へたり。南は稲村が崎にて砂上道せまきに、波打際まで逆茂木(さかもぎ)を仕掛け、沖四五町がほどに大船どもを並べて、横矢を射んとかまへたり。されば、この堅陣を打ち破つて攻め寄せんこと、たやすかるべしとは見えざりけり。

義貞馬よりおり、かぶとを脱いで海上をはるばると伏し拝み、祈りけるやう、

「義貞今臣たるの道を尽くさんため、武具を取つて敵陣にのぞむ。その志、ひとへに皇化をたすけ奉つて、民生を安んぜんとするにあり。仰ぎ願はくは、臣が心をあはれみたまへ」

と、しばし祈念をこらしつつ、みづからはける黄金作りの太刀を抜きて、海中へ投げ入れたり。

その夜の月の入り方に、稲村が崎、にはかに二十余町干あがりて、平砂はるかに連なり、横矢を射んとかまへたる数千の兵船も、引き潮にさそはれて、遠く沖の方にただよへり。ふしぎといふも類なし。

義貞これを見て、

「神も納受したまふぞ。進めや、つはものども」

と下知しければ、江田・大館・里見・鳥山・田中・羽川・山名・桃井の面々を始めとして、越後・上野・武蔵・相模の軍勢六万余騎、稲村が崎の遠干がたを、真一文字にかけ通りて、鎌倉へ乱れ入る。

四　敬語の使い方

文化の進んだ国、教養の高い国民にあっては、礼儀を重んじ、ことばづかいをていねいにすることが、非常に大切なことになっている。特に、わが国語には敬語というものがあって、その使い方が特別に発達しているから、ことばづかいをていねいにするためには、ぜひとも敬語の使い方をよく心得ておかなければならない。

まず相手の人に対して尊敬の意を表すために、特別なことばを、われわれは常に用いていることに気づくであろう。相手を「あなた」というのが、すでに敬語である。また、相手や目上の人の動作を述べるのに、「いらっしゃる」とか、「めしあがる」とかいうのも、それである。

相手を尊敬するためには、自分のことを謙遜していうのがわが国語のいき方で、これも敬語のうちにはいる。自分のことを「わたくし」というのが、すでに謙遜したことばであり、「行く」「食う」「する」も、「まいる」「いただく」「いたす」などいうのが普通である。

私もまいりましょう。
もう十分にいただきました。

それ故、自分のことや目下のもののことを、

私は、まだめしあがりません。
妹たちも、きのうの祝賀式にいらっしゃいました。

などいっては、もの笑いである。
しかし、自分の動作であっても、それが相手のためにする場合は、

私が御案内申しましょう。
御心配申しあげました。
では、一通りお話いたします。

のように、「御」や「お」をつけて敬語にするのである。相手のすることに、「御」や「お」をつけて敬うのは、いうまでもない。

決して御心配くださいますな。

お志、ありがとう存じます。

父・母・兄・姉・おじ・おば等は、目上の人であるから、それを相手とする時、

おとうさん、どこへおいでになりますか。
おばさんは、どうなさいます。

と敬っていうのである。しかし、一たび他人の前へ出た場合には、自分のことを謙遜していうのと同じく、自分の身内の者のこともまた謙遜していうのである。だから、

おとうさんがよろしくおっしゃいました。
おかあさんは、今日おいでになりません。
私のおじさんは、大阪におられます。
ねえさんは、お仕事をしておいでです。

というよりは、

父がよろしく申しました。
母は、今日まいりません。
私のおじは、大阪におります。
姉は、仕事をしています。

というのが、相手に対して礼儀のあるいい方である。ただ自分の身内でない目上の人のこととなると、他人の前でもやはり敬っていわなければならない。

いっぱんに、女は男よりもいっそうていねいにものをいうのが、わが国語のならわしである。したがって、女の使う敬語には、やや特殊のものがある。多くは家庭で用いる物品などに対して、「おなべ」「おさかな」「お召物」とか、あるいは、「汁」を「おみおつけ」などいうのがその例である。「行く」「来る」を「いらっしゃる」というなども、女らしいことばである。今日では、男も混用したり、あるものはいっぱんに使用されたりするが、それが度を越すと、かえってばかていねいになったり、また柔弱に聞えたりする。それに、何でも「御」や「お」をつけさえすれば敬語になると思ったり、敬語を使いさえすれば礼儀になると考えたりするのは、大きなあやまりである。敬語の使用は、礼儀にかなうとともに、常に適正であることと、真の敬意、すなわち敬う真心がことばに現れることが、最も大切である。

敬語の使い方によって、尊敬や謙遜の心をこまやかに表すことのできるのは、実にわが国語の一大特色であり、世界各国の言語にその例を見ないところである。古来わが国民は、皇室を中心とし、至誠の心を表すためには、最上の敬語を用いることをならわしとしている。そうして、また長上を敬う家族制度の美風からも、ていねいなことばづかいが重んじられている。わが国語に、敬語がこれほどに発達したのは、つまりわが国がらの尊さ、昔ながらの美風が、ことばの上に反映したのにほかならないのである。

五　見わたせば

見わたせば柳さくらをこきまぜて都ぞ春のにしきなりける

素性(そせい)法師

やどりして春の山べにねたる夜は夢のうちにも花ぞ散りける

紀(きの)　貫之(つらゆき)

秋来ぬと目にはさやかに見えねども風の音にぞおどろかれぬる

藤原敏行(ふじわらのとしゆき)

白雲にはね打ちかはし飛ぶかりの数さへ見ゆる秋の夜の月

よみ人しらず

山里の春の夕ぐれ来て見ればいりあひの鐘に花ぞ散りける

能因法師(のういんほうし)

道のべに清水(しみず)流るる柳かげしばしとてこそ立ちとまりつれ

西行法師(さいぎょうほうし)

秋風にたなびく雲の絶え間よりもれいづる月のかげのさやけさ

藤原顕輔(あきすけ)

六　源氏物語

紫式部は、子どもの時から非常にりこうでした。兄が史記を読んでいるのを、そばでじっと聞いていて、兄より先に覚えてしまうほどでした。父の為時（ためとき）は、

「ああ、この子が男であったら、りっぱな学者になるであろうに」

といって歎息しました。

大きくなって、藤原宣孝（ふじわらののぶたか）の妻となりましたが、不幸にも早く夫に死に別れました。そのころから紫式部は、筆をとって有名な源氏物語を書き始めました。

そののち上東門院に仕えて、紫式部の名は一世に高くなりました。式部は、文学の天才であったばかりか、婦人としてもまことに円満な、深みのある人でした。

父為時が願ったように、もし紫式部が男であったら、源氏物語のような、かな文は書かなかったでしょう。当時、かな文は女の書くもので、男は、漢文を書くのが普通であったからです。しかし、かな文であればこそ、当時の国語を自由自在に使って、その時代の生活をこまやかに写し出すことができたのです。こう考えると、紫式部は、やっぱり女でなくてはならなかったのです。

源氏物語五十四帖（ちょう）は、わが国の偉大な小説であるばかりでなく、今日では、世界にすぐれた

文学としてほめたたえられています。

次にかかげる文章は、源氏物語の一節を簡単にして、それを今日のことばで表したものですが、ただこれだけで見ても、約九百年の昔に書かれた源氏物語が、いかによく人間を生き生きと、美しく、こまやかに写し出しているかがわかるでしょう。

一

のどかな春の日は、暮れそうでなかなか暮れない。

きれいに作ったしば垣の内の僧庵に、折から夕日がさして、西側はみすがあげられ、年とった上品な尼さんが仏壇に花を供えて、静かにお経を読んでいる。顔はふっくらとしているが、目もとはさもだるそうで、病身らしく見える。そばに、二人の女がすわっている。

時々、女の子たちが出たりはいったりして遊んでいる中に、十ばかりであろうか、白い着物の上に山吹色の着物を重ねて、かけ出して来た女の子は、何というかわいらしい子であろう。切りそろえた髪が、ともすると扇のように広がって、肩の辺にゆらゆら掛るのが、目だって美しく見える。どうしたのか、その子が尼さんのそばへ来て、立ったまましくしく泣きだした。

「どうしました。子どもたちと、いい合いでもしたのですか」

といいながら、見あげた尼さんの顔は、この子とどこか似たところがある。

「雀の子を、あの犬きが逃したの。かごに伏せておいたのに」

と、女の子は、さもくやしそうである。

そばにいた女の一人は、

「まあ、しようのない犬きですこと。うっかり者だから、ついゆだんをして逃したのでしょう。せっかくなれて、かわいくなっていたのに。烏にでも取られたらどうしましょう」

こういって、雀をさがしに立って向こうへ行った。それは、この子の乳母（うば）であるらしい。

尼さんはもの静かに、

「いやもう、あなたはまるで赤ちゃんですね。どうして、いつまでもこうなんでしょう。わたしがこんなに病気で、いつとも知れない身になっているのに、あなたは雀の子に夢中なんですか。生き物をいじめるということは、仏様に対しても申しわけのないことだと、ふだんから教えてあげてあるでしょう。さ

あ、ここへちょっとおすわりなさい」

子どもは、おとなしくすわった。尼さんは、子どもの髪をなでながら、

「櫛を使うことをおきらいだが、それにしては、まあ何というよい髪でしょう。でも、こういつまでも赤ちゃんでは困りますよ。もうあなたぐらいになれば、もっともっとおとなしいはずです。そうそう、なくなられたあなたのおかあさんは、十二の時おとうさんをおなくしでしたが、それはそれは、よく物がおわかりでしたよ。今にでも、このおばあさんがいなくなったら、いったいあなたはどうなさろうというのでしょう」

さすがに子どもは、じっと聞きながら目を伏せていたが、とうとううつ伏せになって、泣き入ってしまった。とたんに美しい髪が、はらはらと前へこぼれかかる。

二

雀の子が逃げて泣いた紫の君は、その年の秋おばあさんに死なれて、たった一人この世に取り残されてしまった。

紫の君は、いとこの源氏の君のうちへ引き取られることになった。あの乳母や犬きも、紫の君といっしょに引き移った。

源氏は、小さな妹でもできたように、いろいろと紫の君のめんどうを見てやった。紫の君も、

源氏をほんとうのにいさんだと思うほどなついて来た。

しかし、紫の君は、やはりおばあさんのことを思い出しては泣くことがある。この不幸な子を慰めるために、源氏は絵をかいて見せたり、人形を求めてやったりした。

お正月になった。元日の朝、源氏は、ちょっと紫の君のいる部屋へ行ってみた。そうして、

「どうです。お正月が来たから、あなたも少しはおとならしくなったでしょうね」

といった。

りっぱな書棚（しょだな）に、たくさんの人形や、家や、車が並べてある。紫の君は、それを部屋いっぱいにひろげて、人形遊びにいそがしい。

「豆まきをするって、このお人形さんを犬きがこわしました。わたしがつくろったのですよ」

と、さも大変なことででもあるように、紫の君は源氏にいった。

「よしよし。あとで、りっぱにつくろわせてあげよう。今日はお正月だから、泣いてはいけませんよ」

といって、源氏は出て行った。

紫の君は、人形の一つをおばあさんと呼んでいる。お正月だから、きれいな着物を着せてあげた。

「そうそう。このおにいさんにも、いい着物を着せてあげなければ」

そういって、今一つの人形にも美しい着物を着せた。

「さあ、御参内だ。車にお召しください。犬きや、おまえはおにいさんのお供をするのですよ」

「はい」と答えて次の間から出て来た犬きが、その車を引いた。

庭では、うぐいすが、美しい声で「ほうほけきょ」と鳴いた。

七　姉

今日、ねえさんがお嫁入りをします。そう思うと、心がちっとも落ち着きませんでした。先生のおっしゃることが、つい私の耳をす通りします。教室のそとは、うららかな初夏です。屋根で雀がちゅうちゅう鳴いています。あの雀は、のんきでいいなあ。ほんとうに、あのねえさんが、よその人になってしまうのかしら。何だかうそのようだ――と思ったとたん、はっとしました。先生の目が、みんなの笑った顔が、私に集っています。先生が、私に何かおっしゃったようです。顔が火のようになるのを、私は感じました。

午後、急ぎ足で学校の門を出ました。帰ってみると、入口に下駄(げた)が何足も並んでいて、奥では、がやがや人声がします。

髪結いさんが、一生けんめいに、ねえさんのお支度をしているところでした。きれいに髪を結って、晴れ着を着せられたねえさんは、まるでよその人のように見えます。分家のおばさんが、

「ああ、いいお嫁さんができました」

といって、ほめています。おかあさんも、そばでにこにこしながら眺めています。

お座敷では、山田のおじさんとおばさんが、おとうさんや分家のおじさんなどと話をしています。

何だかさびしい気がして、私は自分の部屋へもどりました。心を無理にしずめようとして雑誌を開きましたが、字も画も、てんで目にはいりません。

ふすまがすうとあいて、着かざったねえさんがはいって来ました。

「雪ちゃん」

少しかすれた声でした。

「ねえさん、おめでとう」

やっとこれだけが、私の口から出ました。

「ありがとう。私がいなくなっても、さびしがらないで、よく勉強してくださいね」

「はい」

そういえば、よくねえさんにいろいろ教えていただいたものでした。

「生まれた家を出て行くのです。どうぞ私に代って、おとうさんやおかあさんを、だいじにしてあげてくださいね。おかあさんは、そうお丈夫ではないんですから」

私はだまってうなずきました。「ねえさん、これまでずいぶんわがままをいってすみませんでした」――それがのどまで出ているのですけれど、とうとういえないでしまいました。

夕方、迎えの車が来ました。ねえさんは、山田のおじさん・おばさんといっしょに、車に乗りました。

その夜、おとうさんも、おかあさんも、口ぐせのように「めでたい、めでたい」といいながら、話はとだえがちでした。にいさんだけが、時々おどけたことをいって、みんなを笑わせました。

八　日本海海戦

露国が連敗の勢を回復せんため、本国における海軍のほとんど全勢力を挙げて編成せる太平洋第二・第三艦隊は、今や朝鮮海峡を経て、ウラジオストックに向かわんとす。わが海軍は、初めより敵を近海に迎え撃つの計を定め、あらかじめ全力を朝鮮海峡に集中してこれを待つ。

明治三十八年五月二十七日午前四時四十五分、わが哨艦信濃丸より、無線電信にて「敵艦見ゆ」との報告あり。東郷司令長官は、直ちに全軍に出動を命じ、まず小巡洋艦をして、敵艦隊を沖島附近にいざない寄せしむ。

午後一時五十五分、わが旗艦三笠は、戦闘旗をかかぐるとともに、信号旗を以て令を各艦にくだせり。いわく、

「皇国の興廃此の一戦にあり。各員一層奮励努力せよ」

と。わが軍の士気大いに振るう。三笠に乗れる東郷司令長官は、六隻の主戦艦隊を率いて、上村艦隊とともに先頭なる敵の主力に当り、片岡・出羽・瓜生・東郷（正路）の諸隊は、敵の後尾をつく。

敵の先頭部隊は直ちに砲火を開始せしが、われ

は急にその前路をさえぎり、距離六千メートルに至りて始めて応戦し、激しく敵を砲撃せしかば、敵の艦列たちまち乱れ、早くも戦列を離るるものあり。

風叫び海怒りて、波は山のごとくなれども、沈着にして熟練なるわが砲員の撃ち出す砲弾は、よく敵艦に命中して続々火災を起し、黒煙海をおおう。午後二時四十五分、勝敗すでに定まれり。敵は、算を乱して逃れ去らんとす。われは、これに乗じてすかさず攻撃せしかば、敵の諸艦皆多大の損害をこうむり、続いてわが駆逐隊及び水雷艇隊の魚雷攻撃を受けて、敵の両旗艦を始め、その他の諸艦も多く相ついで沈没せり。夜に入りて、わが駆逐隊・水雷艇隊は、砲火をくぐって敵艦にせまり、無二無三に攻撃せしかば、敵艦隊は四分五裂(れつ)のありさまとなれり。

明くれば二十八日、天よく晴れて海上波静かなり。わが艦隊は、東郷司令長官の命により、おおむね欝陵(うつりょう)島附近に集りて敵を待ちしが、たちまち片岡隊の東方はるかに数条の黒煙を見る。よりて主戦艦隊及び巡洋艦隊は、直ちに東方へ向かって敵の進路をふさぎ、片岡・瓜生・東郷の諸隊はその退路を絶ちて、午前十時十五分まったく敵を包囲せり。敵将ネボカトフ少将、今は逃れぬところと覚悟したりけん、にわかに戦艦ニコライ一世以下四隻を挙げて、その部下とともに降服せり。

敵の司令長官ロジェストウェンスキー中将は、きのうの戦闘に傷を負い、幕僚とともに一駆逐艦に移りしが、わが駆逐艦漣(さざなみ)・陽炎(かげろう)の二隻に追撃せられ、ついに捕らえらるるに至れり。

この両日の戦に、敵艦の大部分は、わが艦隊のためにあるいは撃沈せられ、あるいは捕獲せられて、三十八隻のうち逃れ得たるもの、巡洋艦以下数隻のみ。敵の死傷及び捕虜は、司令長官以下一万六百余人。わが軍の死傷ははなはだ少く、艦艇の沈没したるもの、わずかに水雷艇三隻に過ぎず。

東郷司令長官の発せし戦況報告の末尾にいわく、

「我が連合艦隊が、能く勝を制して前記の如き奇績を収め得たるものは、一に天皇陛下の御稜威の致す所にして、固より人為の能くすべきにあらず。特に我が軍の損失・死傷の僅少なりしは、歴代神霊の加護に由るものと信仰するの外なく、曩に敵に対し勇進敢戦したる麾下将卒も、皆此の成果を見るに及んで、唯々感激の極言う所を知らざるものの如し」

と。勝報上聞に達するや、司令長官にたまえる勅語の中に、

「朕は汝等の忠烈に依り、祖宗の神霊に対うるを得るを懌ぶ」

と仰せられたり。将兵、すべて感泣せざるはなかりき。

九　鎮西八郎為朝

一

為朝は、七尺ばかりなる男の、目角二つに切れたるが、紺地に獅子の丸を縫ひたるひたたれに、同じく獅子の金物打つたる甲を着、三尺五寸の太刀に、熊の皮のしりざや入れ、五人張りの弓長さ七尺五寸なるに、三十六さしたる黒羽の矢を負ひ、かぶとを郎等に持たせて歩み出でたるさま、いかなる鬼神といへども恐れずといふことなし。

左大臣頼長、為朝に向かひ、

「合戦のこと計らひ申せ」

とあれば、かしこまつて、

「為朝、久しく鎮西に居住仕り、九国のものども討ち従へ候について、大小の合戦数を知ら

ず、中にもせつかくの合戦二十余箇度に及ぶ。敵に囲まれて強陣を破るにも、城を攻めて敵を滅すにも、利を得ること夜討にしくこと候はず。されば、ただ今敵方に押し寄せ、三方に火をかけ、一方にて支へ候はんに、火を逃れん者は矢を免るべからず、矢を恐れん者は火を逃るべからず。ただ兄にて候義朝などこそ、かけ出で候はめ。それも一矢にて、真中を射通し候はん。まして清盛などがへろへろ矢、何ほどのことか候べき。甲の袖にて払ひ、けちらして捨て候はん。為朝が矢二つ三つ放さんばかりにて、いまだ天の明けざる前に勝負を決すること、何のうたがひも候はず」

と、はばかるところなく申しけり。左大臣、

「為朝が申しやう、以ての外に手荒き儀なり。年の若きが致すところか。夜討などいふこと、汝らが同士軍、十騎二十騎の私ごとなり。源平数を尽くして勝負を決せんこと、決してしかるべきにあらず」

といひければ、為朝まかり立つてつぶやきけるやう、

「合戦の事は武士にこそ任せらるべきに、道にもあらぬ御計らひ、いかがあらん。義朝は武略の奥義を極めたるものなれば、定めて今夜寄せてぞ来たらん。ただ今押し寄せて、風上に火をかけたらんには、戦ふともいかで利あらんや。くちをしきことかな」

とぞ申しける。

二

大将源義朝は、赤地錦のひたたれに、黒糸をどしの甲着て、鍬形打つたるかぶとをつけ、黒馬に黒くら置いて乗つたりけり。あぶみふんばり突つ立ちあがり、大音あげて、

「清和天皇九代の後胤、下野守源義朝、大将としてまかり向かふ。もし一家の氏族ならば、すみやかに陣を開いて退散すべし」

といふ。為朝聞きもあへず、

「御方の大将たる父判官の代官として、鎮西八郎為朝、一陣を承つて堅めたり」

と答ふ。義朝重ねて、

「さては、遥かの弟にこそあれ。汝、兄に向かひて弓を引くことあるべからず。礼儀を知らば、弓を伏せて降参仕れ」

とぞいひける。為朝、

「兄に向かつて弓引かんことあるべからずとは、道理なり。まさしく父に向かつて弓引きたまふは、いかに」

といひければ、義朝、道理にやつまりけん、そののちは音もせず。

武蔵・相模のつはものども、まつしぐらに打つてかかる。為朝、しばし支へて防ぎけるが、敵は大勢なり、かけへだてられては父のために悪しかりなんと思ひて、門の内へ引く。敵これ

を見て、防ぎかねて引くとや思ひけん、勝ちに乗つて門の際まで攻め寄せ、入れかへ入れかへ、もみ合ひけり。

ここに為朝、敵の勢越しに見れば、大将義朝は、大の男の、大きなる馬には乗つたり、軍の下知せんとて突つ立ちあがりたる内かぶと、まことに射よげに見えたり。願ふところの幸ひと、例の大矢を打ちつがひ、ただ一矢にて射落さんとしけるが、「待てしばし、弓矢取る身のはかりごと、汝負けばわれをたのめ、われ負けば汝をたのまんなど、父と兄と約束して、敵御方に別れおはすらんか」と思案して、つがひたる矢をさしはづす。心のうちこそ神妙なれ。

為朝、須藤の九郎を呼びて、

「敵は大勢なり、もし矢尽きて打物にならば、一騎が百騎に向かふとも、つひにはかなふべからず。阪東武者のならひとて、大将の前には親死に子討たるるともかへりみず、いやが上にも死に重なつて戦ふと聞く。いざさらば、大将に矢風を負はせ、引き退けんと思ふは、いかに」

といへば、九郎、

「しかるべく候。ただし、御あやまりも候はん」

と申す。

「何とてさることのあらん。為朝が手並みは、汝も知りたるものを」

とて、例の大矢を打ちつがひ、堅めてひようと射る。思ふねらひをあやまたず、矢はかぶとの星を射けづつて、後なる門の柱にぐざと突き立つたり。

義朝、手綱かいくり為朝に向かひ、

「汝は、聞きしにも似ず手こそ荒けれ」

といへば、為朝、

「兄にておはす上に、思ふところありてわざとかく仕りて候。まことに御許しあらば、二の矢仕らん」

とて、すでに矢取つてつがふところに、上野(こうずけ)の国の住人深巣(ふかす)の七郎、つとかけ出でければ、為朝これをはたと射る。かぶとの板を筋かひに、左の耳もとへぐざとばかり、矢のなかばまで射込みたれば、七郎はしばしもたまらず死にてけり。須藤の九郎つと寄りて、深巣が首を取る。

十　晴れ間

さみだれの晴れ間うれしく、
野に立てば
野はかがやきて、

白雲を
通す日影に、
はや夏の暑さをおぼゆ。

行く水は少しにごれど、
せせらぎの
音もまさりて、
よろこびを
歌うがごとく、
行くわれを迎うるごとし。

田園のつづく限りは、
植えわたす
早苗(さなえ)のみどり。
山遠く
心はるばる、

天地の大いなるかな。
ふと見れば、道のほとりに、
つつましき
姿を見せて、
濃きるりの
色あざやかに、
咲くものは露草の花。

十一　雲のさまざま

澄んだ青空に、はけで軽くはいたような、または真綿を薄く引き延したような白い雲の出るのを、巻雲といいます。ごくこまかな氷の結晶の集ったもので、雲の中でもいちばん高く、八千メートルから一万二千メートルの高さに、浮かんでいます。どこまでもこまやかで、すっきりした感じの雲です。天女の軽い舞の袖を思わせるような雲です。

ところで、この雲がだんだんふえてひろがりだすと、すっきりした感じがなくなって、形がぼやけて来ます。のちには、ごく薄い、白い絹か何かで空をおおったようになりますから、俗に薄雲といいます。太陽や月が、大きなかさを着るのはこの雲のかかった時で、かさの中に星が見えれば天気、そうでなければ雨だなどといいます。とにかく、そろそろ天気がくずれるなと思わせるのが、この雲です。

　青空にうろこのように群生する白い雲は、さばの斑点に似ているのでさば雲といい、またこの雲が出るといわしの大漁があるというので、いわし雲ともいいますが、見たところはさびしい雲です。夜、この雲の続く果に、半月がうっすらとかかっているのは、殊にそうした感じを深くします。天候悪変の兆といわれる雲で、そばに黒い雲が龍のように続いている

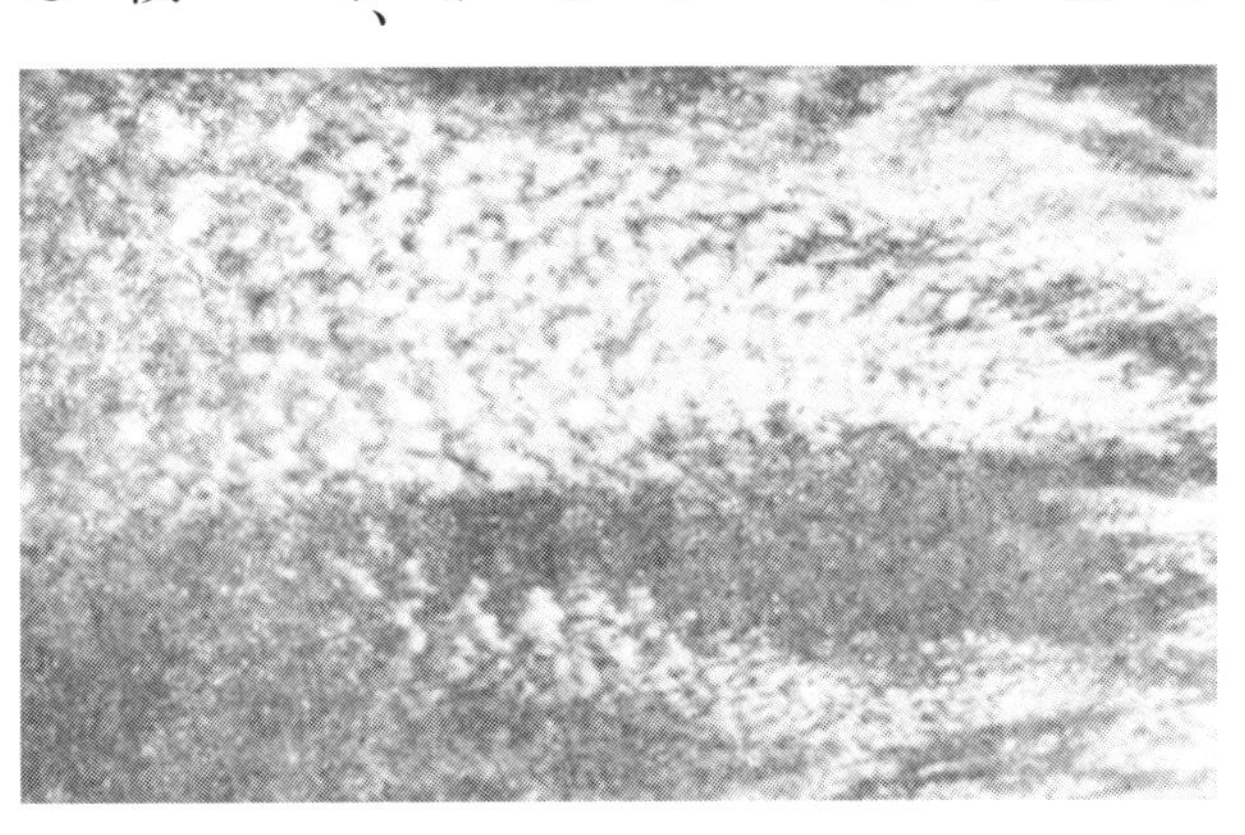

場合には、雨の近いことほとんど受合いだといいます。

いわし雲よりぐっと大きな塊になって、群生する白い雲があります。俗にむら雲といっていますが、西洋ではよく牧場の群羊にたとえます。青空に綿を大きくちぎって、あとからあとから投げ出したようで、なかなか盛んな感じのする雲です。

いわし雲がぐんぐんふえて来ると、空一帯が灰色になって、何だか頭を押さえつけられそうになります。太陽でも月でも、おぼろにしか見えません。照りもせず曇りもはてぬ春の夜のおぼろ月とは、こういう雲のかかった場合ですが、このおぼろ雲は、天候の前兆としてはいよいよ悪い方だといいます。

むら雲・おぼろ雲は、巻雲や、薄雲・いわし雲などより低く、四五千メートルのところに浮かんでいます。

青空に、薄黒い雲がみなぎることがあります。雨雲に似ていますが、ところどころに青空が見え、雲の端々が白く見えて、その間から日光がもれたりします。もくもくと大きくかたまったり、また時にそれが畠のうねのように、天の一方から他方へ幾条か連なったりすることがあります。曇り雲とか、

うね雲とかいわれる雲です。

雨雲はきまった形がなく、空いっぱいに薄黒くおおうもので、乱雲と呼ばれています。いちばん陰気で、いやな感じの雲であることはいうまでもありません。曇り雲と同じく、二千メートル以下にある雲です。

雨の降ったあげく、山の間などから流れるようにすべり出る白い雲は、層雲といって、雲の中でもいちばん低い雲です。高さは五百メートルぐらいですから、まったく手に取れそうに見えます。

天気のよい日、底が平で、上が山の峯のように積みあがった形に現れる白い雲は、積雲といいますが、夏の日など、峯が恐しいほどむくむくとふくれあがったのは、俗にいう入道雲です。強烈な日光に照らされた入道雲が、まぶしいほど、銀白色または銀鼠(ぎんねず)色にかがやくのを見ると、雲の王者といいたい感じがします。俳句で「雲の峯」というのも、この入道雲です。積雲は二千メートル以

下の高さですが、入道雲の頂になると、六千メートルから八千メートルの高さになります。その頂が開いたのは、朝顔雲とか、かなとこ雲とかいって、雷雨を起したり、時にひょうを降したりします。一天にわかに墨を流したように曇って、天地も暗くなるのは、こうしたすばらしく厚い雲によって、日光がさえぎられるからです。巻雲のかぼそい女性的な美しさに比べると、積雲や、入道雲や、かなとこ雲は、いかにも壮大で、強烈で、男性的です。

十二　山の朝

ふと、目がさめる。

遠くの方から、小鳥の声が枕もとへ流れるように聞えて来る。まだ、なかば眠りからさめない心のうちに、山の夜明けだということが浮かぶ。

はね起きて窓を開いた。つめたい空気が、吸いつけられるように室の中へしのびこむ。首筋に水晶のはけがさわったようなつめたさである。まだ、朝の太陽はのぼっていない。薄明の天地の中で、山々の薄黒い姿が、だまって眠っている。

山小屋の重い戸びらを音もなく開き、素足（すあし）に草履（ぞうり）をはいて、露深い草の小道におり立つ。生き生きとした小鳥の声が、あたりの静けさをふるわせて、頭の上から降り注いで来る。このにぎやかな声の絶え間を縫って、どこからともなく、つつましやかな小川のせせらぎの音が、かすかに聞えて来る。

山からわき流れる清水（しみず）が、かけいをまっしぐらにかけ抜けて通る。玉のような、清らかな水を両手にすくいあげると、こおりつくようなつめたさが全身にしみとおる。この水で口をすぎ顔を洗うと、心の底までが清められるような気持がする。胸を張って、思いきり深く朝の山の空気を吸う。

山小屋の前の小道をくだって行くと、そよ風が頬（ほお）にここちよい。なら・かえで・ぶな・くりなどの木々が茂り合って、頭の上を自然の天蓋（てんがい）でかざってくれる。夜明けに近い薄あかりが、重なり合った葉の層を通して落ちて来る。緑色のガラスを張りめぐらした部屋の中に、たたずんでいるようである。一々の鳴き声を聞きわけることができないように、鳥の声がにぎやかに聞えて来る。短い鋭さの中にも、どこかやさしさのある小鳥の声に混って、太く口の中でふくんだように鳴く山鳩の声が聞えて来る。その間を際立ってくっきりと、うぐいすの声がころがるように続いて走る。この美しい木々の緑と、さわやかな鳥の声のごちそうを前にして、しんせつな山のお招きの席に、しばらくは、すべてを忘れて立っていた。

林の中を、奥へ奥へと進んで行くにしたがって、小川のせせらぎはだんだん高く聞えて来る。

林を出はずれて、頭の上の緑のおおいが尽きてしまった時、いつのまにのぼったのか、朝の日の光が、石を噛んで流れる水の上におどっている。

危うげにかけ渡された一本の丸木橋の上を、静かに渡る。この丸木橋に立って、朝の太陽の前に身じまいを正し始めた高い山々の針葉樹林を見あげる。きりのようにとがった梢の先を天に向けて真直に立つものは、こうやまきである。ふさふさした枝の冠をいただいて立っているのは、檜である。

この深山の朝の霊気にふれるため、私はここまでのぼって来たのだ。

十三　燕岳に登る

「出発」

山田先生の声が、中房温泉旅館の庭に勇ましく響き渡った。午前七時である。きのうの雨はからりと晴れて、太陽は、ほがらかにこの温泉の谷間を照らしている。

リュックサック・水筒・金剛杖の身支度もかいがいしく、ぼくらは、小鳥のようにおどる胸を押さえながら、つり橋を渡った。ごうごうと鳴る激流の上に、高い橋がぐらぐら動くのが、愉快でたまらなかった。

　道はすぐ登りになる。かちりかちりと、杖が岩に鳴った。前の人の足あとをふみしめるように、一歩一歩登って行く。せまい道の両側には、大きなささが、ぼくらの頭をおおうくらい高く茂っていた。

　岩角が出、木の根が横たわっている。

「気をつけろよ」

と、前の方で声がする。額も、せなかも、汗ばんで来た。はずむ呼吸が、前にも後にもはっきり聞かれる。

　こうして、つづら折りの明かるい山道を、あえぎあえぎ登った。時々みおろす谷底に、さっき出発した温泉宿が、だんだん小さくなって行く。谷川が、下で遠く鳴っている。つい向こうに、ぐっと見あげるほどそびえ立っているのが、有明（ありあけ）山である。

「今日は、あの山よりもっと高く登るのだぞ」

と、石川先生がいわれた。

　まばらな濶葉（かつよう）樹林を通して、太陽がじりじりと照りつける。帽子の下からわき出る汗が、顔を伝って流れ落ちる。息が苦しいほどはずむ。

「先生、休んでください」

と、後の方でいつしか悲鳴をあげる。

「もう少しがんばれ」

と、前の方でまぜかえす。

まもなく、ぴりぴりとうれしい笛が鳴った。みんなは待っていたように、そこらへ腰をおろして汗をふく。水筒の水を飲むと、のどがごくりと鳴った。木の間では、うぐいすが鳴いている。谷底から吹きあげる風が、はだに快く感じる。

そろそろ、針葉樹が現れて来た。

やがて針葉樹の密林へはいると、急に快い涼しさを覚える。時に「そうしかんば」のはだが、梢からもれる太陽の光に映じて、薄暗い中に銀色に光る。道はいくぶんなだらかになったり、またぐっと急になったりする。きのうの雨でじめじめして、うっかりすると足がすべる。木の根、岩角を数えるように、ふみしめふみしめ登った。

「あと四キロだ」

と先頭で叫ぶ。道標の数字がしだいにへって行くのが、力と頼まれる。時々休んでは、また勇気を振るい起す。

植物に、変ったものがあるようになった。葉がふじに似た「ななかまど」や、大木から長くひげのようにぶらさがる「さるおがせ」などを、石川先生に教えてもらった。かわいい桃色の「いわかがみ」の花を、道端に見つけるのが楽しみであった。

あたりにだんだん霧がわいて来て、大木の幹を、かなたへかなたへと薄く見せた。耳を澄ますと、遠く近く、さまざまの小鳥のさえずりが聞かれる。

こうして、とうとう合戦小屋にたどり着いたのが午前十一時、みんなはずいぶんつかれていた。ここで弁当をたべる、そのおいしいこと。

空がしだいに曇って来た。霧もだんだん深くなる。しかし、小屋の人は、

「天気は大丈夫です」

と、先生たちにいっていた。

それからも、しばらく道が急だった。

霧の間に、「そうしかんば」の林が続く。道端には、ささがめずらしく花をつけていた。

いつのまにか大木が少くなって、せいの低い細い木が目につくようになった。ついにはそれ

もなくなったと思うと、眼界が急に開けて、山腹の斜面に、低い緑の「はいまつ」が波のように続いて見えた。みんなが、わいわい歓声をあげた。

道は、ややなだらかになった。

「三角点」

という声がする。ぼくらは、胸がおどった。

やや広く平なところに、三角点を示す石があった。そばに腰掛が何台かある。中房温泉から四・六キロと記した道標が立っている。頂上まであと二キロだ。

晴れていれば、ここから、今登ろうとする燕の絶頂も、槍岳（やりがたけ）その他の山々も見えるそうだが、今日は何も見えない。行手の道も「はいまつ」も、すべて夢のように霧の中に薄れている。ただ、天地がいかにも明かるかった。

それからは尾根伝いに、なだらかな道が続いた。薄日がぽかぽかとせなかを温める。道端は、「いわかがみ」の花盛りであった。小さなすみれや、蘭（らん）もところどころに咲いている。どれもこれも、すき通るほどあざやかな色であった。

ふと「はいまつ」の間に、高さ一メートルにも足らない「た

かねざくら」が、今を盛りと咲いているのを見た。真夏に桜の満開である。

「山は、今春なのだ」

と、石川先生がいわれた。みつばちが、盛んに花から花へ飛んでいた。

行くにしたがって、花は美しかった。右手に見おろす斜面に咲き続く黄色な花は、大きなのが「しなのきんばい」、小さなのが「みやまきんぽうげ」であった。その間々に、白い「はくさんいちげ」や、深紅の「べにばないちご」などが、点々と入り乱れていた。お花畠は、まるで満天の星のように美しかった。

その辺から、ところどころに残雪があった。みんなが、うれしがって雪をすくった。

ついに、霧の中に近く山小屋を見あげるところへ来た。下から風が強く吹きあげる。足もとには、かなり大きな雪渓が見おろされた。

先頭は、もう山小屋の右下の鞍部にたどり着いた。

「早く来い。向こうは晴れて、山がすてきだぞ」

と、だれかが帽子を振りながら、ぼくらに叫んでいる。

やがてそこへ登り着いたぼくらは、何というすばらしい景色を、西の方に見渡したことであろう。

左端の穂高に続いて、槍岳が、それこそ天を突く槍の穂先のように突き立っている。更に右へ右へとのびる飛騨(ひだ)山脈が、蓮華(れんげ)・鷲羽(わしは)・水晶・五郎と、大波のように、屏風(びょうぶ)のように、紫紺のはだあざやかにそそり立ち、うねり続く雄大荘厳な姿。ところどころに白雲がただよって、中腹をおおい、峯をかくし、谷々の雪渓と相映じて、山々を奥深く見せる。ぼくらが今立っているところと向こうの山脈との間は、千丈の谷となって、その底に高瀬(たかせ)川の鳴っているのが、かすかに聞えて来る。この大自然がくりひろげる景観に打たれて、ぼくらは、ほとんど一種の興奮を感じるほどであった。

そこから右へ縦走して、燕の絶頂をめざした。

馬の背のように、峯伝いの道が続いていた。ややもするとくずれようとする砂と岩との間を、「はいまつ」にすがりながら進んだ。右下から吹きあげる風は、もうもうと雲を巻きあげて、それがこの尾根を界に消散する。それは、ふしぎに思えるほどはっきりと

していた。左は、急な斜面が神秘な谷底へ深く落ち込んでいる。

とうとう、燕の絶頂が来た。それは、大空の一角にそそり立つ御影石の岩塊である。そこは、十人とは乗れないほどせまかった。今こそ、二千七百六十三メートルの最高点に立ったのである。さっきの槍岳が、「ここまでお出で」というように、しかしいかにも厳然とそびえている。あの絶頂へ登る傾斜は、少くとも四十五度以上はあろう。

「あんな山へ登れる人があるのかなあ」

というと、元気な山田先生は、

「もう二三年たったら、きみたちも槍へ登れるよ」

といわれた。

東も北も一帯に雲がとざして、ぼくらの村はもとより、富士・浅間・白馬(しろうま)・立山等の姿を見ないのが、まったく残念であった。

午後二時、下山の途についた。

「山は広い」と、ぼくはつくづく思った。そうして何年かののちに、きっとあの槍に登ろうという希望をいだきながら、山をくだった。

十四　北千島の漁場

北海道本島でにしんの漁期の終る五月下旬から、そろそろ北千島の漁場が活気を帯びて来る。その前後けなげにも、十人乗りそこそこの発動機船が、本島をあとに、六百海里の北を望んで、続々と出て行く姿を見るであろう。幸いにしてこのころは、割合いなぎの日が多い。

ここ北千島の一角を根拠地とする二百隻の流し網出漁船は、いま出動準備の最中である。発動機の調子をしらべたり、網の支度をしたり、特に船長たちは、晴雨計と空模様を熱心に見比べている。見渡す限りは、午後の静かな海である。

やがて、船は爆音高く根拠地を出て行く。思い思いに沖へ快走してかれこれ三時間、もっぱらさけやますの泳ぎまわっていそうな場所をさがして、投網にかかる。ぐっと速度を落しながら一直線に進む船のともから、網がしだいにくり出されて、その長さが約五千メートル。この作業が終るころは、日没のおそい北洋にも夕暮がだんだんせまって、濃霧が一面に立ちこめる。たまたま、遠くからただようように汽笛が聞えて来るのは、カムチャッカ沿岸へ行く汽船であろうか。一種のあこがれに似たなつかしさを覚えさせる。

「網の綱をしっかりつないでおくんだぞ。今夜はなぎらしいが、水温や潮の流れはどうだい」

「水温は紅ますに適度、潮の流れは余り速くないようです」

「ゆうべより少し沖へ出たな。きっと大りょうだぞ」

濃霧がもうもうと立ちこめて、網の綱の端につけた目じるしのランプも、光がぼんやりと見える。船は発動機を止めたまま、網もろともに、夜明けまで潮のまにまに任せるのである。こうして、北洋にただよう小船のせま苦しい船室に、しばしの夢が結ばれる。

午前二時ごろ、もう東の空が白み始める。

「おい、網をあげるんだ」

船長の声に、防水具に身を固めた若者たちが、船室から出て来る。明け方の風は、いやというほどつめたい。

「よいしょ、こらしょ」

元気のよい掛声だ。網を引きあげる片端から、海面にさざ波が起る。網の糸も切れるばかり、大きなますや、さけがかかっているのだ。

力強くたぐりながら、なれた手つきで魚をはずす。見る見る甲板(かんぱん)はます・さけの山。こうした作業が五時間も続いて、一万尾に近い漁獲に船は満載である。濃霧がだんだん薄れて、太陽が洋上ににぶい光を投げかける。

船は、思い切り吃水(きっすい)深く、残雪をいただく島山の峯を目当てに、根拠地へと波を切って行く。

十五　われは海の子

われは海の子、白波の
さわぐいそべの松原に、
煙たなびくとまやこそ、
わがなつかしき住みかなれ。

生まれて潮にゆあみして、
波を子守の歌と聞き、
千里寄せくる海の気を
吸いて童となりにけり。

高く鼻つくいその香に、
不断（ふだん）の花のかおりあり。
なぎさの松に吹く風を、
いみじき楽とわれは聞く。

丈余のろかいあやつりて、
ゆくて定めぬ波まくら、
ももひろちひろ海の底、
遊びなれたる庭広し。

いくとせここにきたえたる
鉄より堅きかいなあり。
吹く潮風に黒みたる
はだは赤銅（しゃくどう）さながらに。

波にただよう氷山も、
来たらば来たれ、恐れんや。
海巻きあぐる龍巻も
起らば起れ、おどろかじ。

いで大船を乗り出して、
われは拾わん海の富。
いで軍艦に乗り組みて、
われは護らん海の国。

十六　月光の曲

ドイツの有名な音楽家ベートーベンが、まだ若い時のことであった。月のさえた夜、友人と二人町へ散歩に出て、薄暗い小路を通り、ある小さなみすぼらしい家の前まで来ると、中からピアノの音が聞える。

「ああ、あれはぼくの作った曲だ。聞きたまえ。なかなかうまいではないか」

かれは、突然こういって足を止めた。

二人は戸外にたたずんで、しばらく耳を澄ましていたが、やがてピアノの音がはたとやんで、

「にいさん、まあ何というい曲なんでしょう。私には、もうとてもひけません。ほんとうに一度でもいいから、演奏会へ行って聞いてみたい」

と、さも情なさそうにいっているのは、若い女の声である。

「そんなことをいったって仕方がない。家賃さえも払えない今の身の上ではないか」

と、兄の声。

「はいってみよう。そうして一曲ひいてやろう」

ベートーベンは、急に戸をあけてはいって行った。友人も続いてはいった。

薄暗いろうそくの火のもとで、色の青い元気のなさそうな若い男が、靴を縫っている。そのそばにある旧式のピアノによりかかっているのは、妹であろう。二人は、不意の来客に、さも驚いたらしいようすである。

「ごめんください。私は音楽家ですが、おもしろさについつり込まれてまいりました」

と、ベートーベンがいった。妹の顔は、さっと赤くなった。兄は、むっつりとして、やや当惑（とうわく）のようすである。

ベートーベンも、われながら余りだしぬけだと思ったらしく、口ごもりながら、

「実はその、今ちょっと門口で聞いたのですが――あなたは、演奏会へ行ってみたいとかいうことでしたね。まあ、一曲ひかせていただきましょう」

そのいい方がいかにもおかしかったので、いった者も聞いた者も、思わずにっこりした。

「ありがとうございます。しかし、まことに粗末なピアノで、それに楽譜もございませんが」

と、兄がいう。ベートーベンは、

「え、楽譜がない」

といいさしてふと見ると、かわいそうに妹は盲人である。

「いや、これでたくさんです」

といいながら、ベートーベンはピアノの前に腰を掛けて、すぐにひき始めた。その最初の一音が、すでにきょうだいの耳にはふしぎに響いた。ベートーベンの両眼は異様にかがやいて、その身には、にわかに何者かが乗り移ったよう。一音は一音より妙を加え神に入って、何をひいているか、かれ自身にもわからないようである。きょうだいは、ただうっとりとして感に打たれている。ベートーベンの友人も、まったくわれを忘れて、一同夢に夢見るここち。


折からともし火がぱっと明かるくなったと思うと、ゆらゆらと動いて消えてしまった。


ベートーベンは、ひく手をやめた。友人がそっと立って窓の戸をあけると、清い月の光が流れるように入り込んで、ピアノのひき手の顔を照らした。しかし、ベートーベンは、ただだまってうなだれている。しばらくして、兄は恐る恐る近寄って、

「いったい、あなたはどういうお方でございますか」

「まあ、待ってください」

ベートーベンはこういって、さっき娘がひいていた曲をまたひき始めた。

「ああ、あなたはベートーベン先生ですか」

きょうだいは思わず叫んだ。

ひき終ると、ベートーベンは、つと立ちあがった。三人は、「どうかもう一曲」としきりに頼んだ。かれは、再びピアノの前に腰をおろした。月は、ますますさえ渡って来る。

「それでは、この月の光を題に一曲」

といって、かれはしばらく澄みきった空を眺めていたが、やがて指がピアノにふれたと思うと、やさしい沈んだ調べは、ちょうど東の空にのぼる月が、しだいにやみの世界を照らすよう、一転すると、今度はいかにもものすごい、いわば奇怪な物の精が寄り集って、夜の芝生(しばふ)におどるよう、最後はまた急流の岩に激し、荒波の岩に砕けるような調べに、三人の心は、驚きと感激でいっぱいになって、ただぼうっとして、ひき

終ったのも気づかないくらい。

「さようなら」

ベートーベンは立って出かけた。

「先生、またおいでくださいましょうか」

きょうだいは、口をそろえていった。

「まいりましょう」

ベートーベンは、ちょっとふり返ってその娘を見た。

かれは、急いで家へ帰った。そうして、その夜はまんじりともせず机に向かって、かの曲を譜に書きあげた。ベートーベンの「月光の曲」といって、不朽の名声を博したのはこの曲である。

十七　いけ花

まさえさん、この間は、お手紙をありがとうございました。おとうさんも、おかあさんも、お元気だそうで安心しました。こんなに遠く離れていると、うちのことが何よりも知りたいのですよ。

私も、こちらへ来てからもう一年近くなりますが、これまで病気一つしませんでした。毎日畠へ出て働いていることが、私をこんなに丈夫にしてくれたのでしょう。それとも、大陸の気候が私に合うのかも知れません。

この一年間は、何を見ても、何をしても、始めてのものばかりで、めずらしいやら楽しいやら、まるで夢のように過して来ました。

この春植えつけた野菜類は、たいそうよくできて、この間一部分だけ収穫しました。その時にうつした写真を同封しておきましたから、見てください。いろいろな野菜がありますから、何だかあててごらんなさい。

お手紙によると、このごろまさえさんは、熱心にいけ花のおけいこをしているそうですね。せんだって、おかあさんからのお手紙にも、そのことが書きそえてありました。私のおいて来た花ばさみや花器などが、そっくりまさえさんの手で、かわいがられていると思うと、たいそううれしい気がします。

私もいけ花がすきなので、いそがしい中にも、ずっと続けてやっています。

つい四五日前も、野原でききょうの花を見つけたので、それを摘んで来ていけてみました。こんなにして野の草花をいけたりすると、その昔、まさえさんと二人で、野原へ花摘みに行った時のことが、なつかしく思い出されました。

「はらんを、何度も何度もいけるのは、あきてしまいました」と書いてありましたが、あれは、いけ花のいちばんもとになるものですから、しっかりとおけいこをしておかなければなりませんよ。何を覚えるにしても、そのもとをのみこむことが大切だと思います。もといっても、形ばかりでなく、いつも自分の心がこもっていなければなりません。

いけ花ほど、いける人の気持のよく現れるものはないと、自分ながらびっくりすることがあります。例えば、何か気にさわることがあって心の落ち着かない時には、いくらいけようと思っても、花はいうことをききません。晴れ晴れとして心の楽しい時には、花の方から、進んで動いてくれます。そうして、できあがったものにも、その時、その人の気持が、そっくりそのまま現れるように思われます。

いつか隣りのお子さんをつれて、ニュース映画を見に行きました。映画の中に、日本の兵隊さんが、山の谷あいを長い列になって、進軍して行くところが写りました。みんな銃をかついで、重そうな背嚢(はいのう)を背負って歩いていました。よく見ると肩のところに、野菊の枝をつけている兵隊さんがいました。それも一人でなく、何人も何人も、つけていました。

あの強い日本の兵隊さんが、こんなものやさしい心を持っていられるのかと、ふと思いました。そうして、ほんとうに勇ましい人の心の中には、こうしたやさしい情がこもっているのだと考えさせられました。それでこそ、世界の人々をびっくりさせるような大東亜戦争を、戦いぬくことができるに違いありません。

それにつけても日本の女たちは、もっともっと心をやさしくし、心を美しくしたいものだと、つくづく思いました。どうかまさえさんも、いけ花をみっしりけいこして、日本の少女らしい、つつましやかな心を育ててください。

今、こちらはいちばんよい時候で、空がどこまでも高く澄んでいます。では、おとうさんとおかあさんに、よろしくお伝えください。さようなら。

十八　ゆかしい心

長唄（ながうた）

第一線のある夜のことであった。

ラジオを敵の陣地へ放送する宣伝班員は、ざんごうの暗がりの中で、拡声器の点検をしていた。

そのうち偶然にも、東京放送局からの電波がはいって来た。長唄の調べである。

「フィリピンのざんごうの中で、日本の長唄を聞くなんて、うれしいことだね」

と、みんなはにこにこしながら、長唄の音に耳を傾けていた。

猫

澄みきった大空のもとに、ナチブ山が青々とそびえている。

ナチブ山の頂には敵の砲兵観測所があるが、山全体が熱帯の森林におおわれているので、飛行機からの偵察でもはっきりわからない。まして平原にある友軍陣地からは、それがどの辺にあるか、ほとんど見当がつかない。

バランガへ通じる白い道は、その観測所から手に取るように見えるので、わが軍の貨物自動車は、一台一台正確な射撃にみまわれる。しかし、この道以外に部隊の進撃路はないので、どうしてもこの難関を突破しなければならない。

トラックや戦車は、全部木かげにかくして、敵の砲撃の目標になることを避けている。みかたの砲兵は、畠の中へずらりと放列をしいて、ナチブ山の頂をにらんでいる。

このはりつめた第一線の陣中で、ふと猫の鳴き声を耳にした。こんなところに猫がいるはずはないと思って、あたりを見まわすと、かたわらの貨物自動車の上に、三毛猫がうずくまっている。兵隊さんが、どこからかつれて来て、かわいがっている猫であった。

俳句

第一線に近い宿営に、待機していた時のことであった。すぐ隣りの宿営にいた一人の兵隊さんが、俳句を作ったから見てくれといって、夜中にやって来た。夜、燈火を用いることは堅く禁じられているので、窓から流れ込む空の明かるさで、兵隊さんの顔もやっとわかるほどであった。兵隊さんがさし出す紙切れを手に取って、一字一字薄あかりにすかしながら読んだ。

弾の下草もえ出づる土嚢（どのう）かな
密林をきり開いては進む雲の峯

という二句であった。

四十近いこの兵隊さんは、前線への出発を明日に控えながら、その前夜、自作の俳句を読んでくれと、わざわざやって来たのである。「陣中新聞に発表してはどうですか」とすすめると、

「いや、そんな気持はありません」

と答えた。

「あなたの名前は」とたずねても、だまったまま笑っていた。

兵隊さんは、俳句を読んでもらった満足を感謝のことばに表して、部屋から出て行った。

十九　朝顔に

朝顔につるべ取られてもらひ水
木から物のこぼるる音や秋の風
何着ても美しうなる月見かな
ころぶ人を笑うてころぶ雪見かな

千代（ちよ）

雀の子そこのけそこのけお馬が通る
やせ蛙まけるな一茶これにあり
やれ打つなはへが手をする足をする

一茶（いっさ）

二十　古事記

元明天皇の勅命によって、太安万侶（おおのやすまろ）は、稗田阿礼（ひえだのあれ）がそらんじるわが国の古伝を、文字に書き表すことになった。

阿礼は、記憶力の非凡な人であった。かれが天武天皇の仰せによって、わが国の正しい古記録を読み、古いいい伝えをそらんじ始めたのは、三十余年前のことである。当時二十八歳の若盛りであった阿礼が、今ではもう六十近い老人になった。この人がなくなったら、わが国の正しい古伝、つまり神代以来の尊い歴史も文学も、その死とともに伝わらないでしまうかも知れないのであった。

勅命のくだったことを承った阿礼は、それこそ天にものぼるここちであったろう。そうして、長い長い物語を読みあげるのに、ほとんど心魂をささげ尽くしたことであろう。ところで、これを文字に書き表す安万侶の苦心は、それにも増して大きいものであった。

そのころは、まだかたかなもひらがなもなかった。文字といえば漢字ばかりで、文章といえば、漢文が普通であった。しかるに、阿礼の語るところは、すべてわが国の古いことばである。わが国の古語を、漢字ばかりでそのままに書き表すことが、安万侶に取っての大きな苦心であった。

試みに、今日もし、かたかなもひらがなもないとして、漢字ばかりで、われわれの日常使うことばを書き表そうとしたら、どうなるであろう。「クサキハアオイ」というのを漢字だけで書けば、さし当り「草木青」と書いて満足しなければなるまい。しかし、これでは、漢文流に「ソウモクアオシ」と読むこともできる。そこで、ほんとうに間違いなく読ませるためには、「久佐幾波阿遠以(クサキハアオイ)」とでも書かなければならなくなる。だが、これではまたあまりに長過ぎて、読むのにかえって不便である。

安万侶は、いろいろの方法を用いた。例えば、「アメツチ」というのを「天地」と書き、「クラゲ」というのを「久羅下(クラゲ)」と書いた。前者は「クサキ」を「草木」と書くのと同じであり、後者は「久佐幾」と書くのと同じである。「ハヤスサノオノミコト」というのを「速須佐之男命(ハヤスサノオノミコト)」としたのは、「草木」と「久佐幾」と二つの方法をいっしょにしたのである。これらは名前であるから、割合い簡単でもあろうが、長い文章になると、その苦心は一通りのことでなかった。

しかし、こうした苦心はやがて報いられて、阿礼の語るところは、ことばそのまま文字に書き表された。安万侶はこれを三巻の書物にまとめて、天皇に奉った。古事記といって、わが国でも最も古い書物の一つになっている。和銅(わどう)五年正月二十八日、今から一千二百余年の昔のことである。

天の岩屋、八岐(やまた)のおろち、大国主神、ににぎのみこと、つりばりの行くえ等の神代の尊い物語を始め、神武天皇や日本武尊(やまとたけるのみこと)の御事蹟、その他古代のいい伝えが、古事記に載せられて今日に伝わっている。

それは、要するにわが国初以来の尊い歴史であり、文学である。殊に大切なことは、こうしてわが国の古伝が、古語のままに残ったことである。古語には、わが古代国民の精神がとけ込んでいる。われわれは今日古事記を読んで、国初以来の歴史を知るとともに、そのことばを通して、古代日本人の精神を、ありありと読むことができるのである。

二十一　御民われ

御民われ生けるしるしあり天地の栄ゆる時にあへらく思へば

天地の栄えるこの大御代に生まれ合わせたのを思うと、一臣民である自分も、しみじみと生きがいを感じるとよんでいます。その大きな、力強い調子に、古代のわが国民の素朴な喜びがみなぎっています。昭和の聖代に生をうけた私たちは、この歌を口ずさんで、更に新しい喜びを感じるのであります。

ひさかたの光のどけき春の日にしづこころなく花の散るらん

のどかな春の日の光の中に、あわただしく散って行く桜の花をよんだ歌で、優美の極みであります。平安時代の大宮人たちは、こうした心持を心ゆくまで味わって、都の春を楽しんだのでした。

箱根路をわが越えくれば伊豆（いず）の海や沖の小島に波のよる見ゆ

源実朝（みなもとのさねとも）は、鎌倉（かまくら）時代のすぐれた歌人でありました。箱根山から伊豆山へ越えて行くと、向こうの沖の初島（はつしま）に、白い波が打ち寄せているのが見えるという、絵のような歌です。

敷島のやまとごころを人とはば朝日ににほふやまざくら花

さしのぼる朝日の光に輝いて、らんまんと咲きにおう山桜の花は、いかにもわがやまと魂をよく表しています。本居宣長は、江戸時代の有名な学者で、古事記伝を大成して、わが国民精神の発揚につとめました。まことにこの人にふさわしい歌であります。

ひとつもて君を祝はんひとつもて親を祝はんふたもとある松

明治時代の学者であり、歌人であった落合直文が、元旦に門松をよんだ歌です。二本の門松のうち、その一本を以て聖寿の万歳を祝し奉り、その一本を以て親の長寿を祈ろうという意味で、新年に持つわれわれ日本人の心持が、すらすらと品よくよみ出されています。私たちはこの歌を声高く読んで、その何ともいえないほがらかな、つつましい心を味わいたいものです。

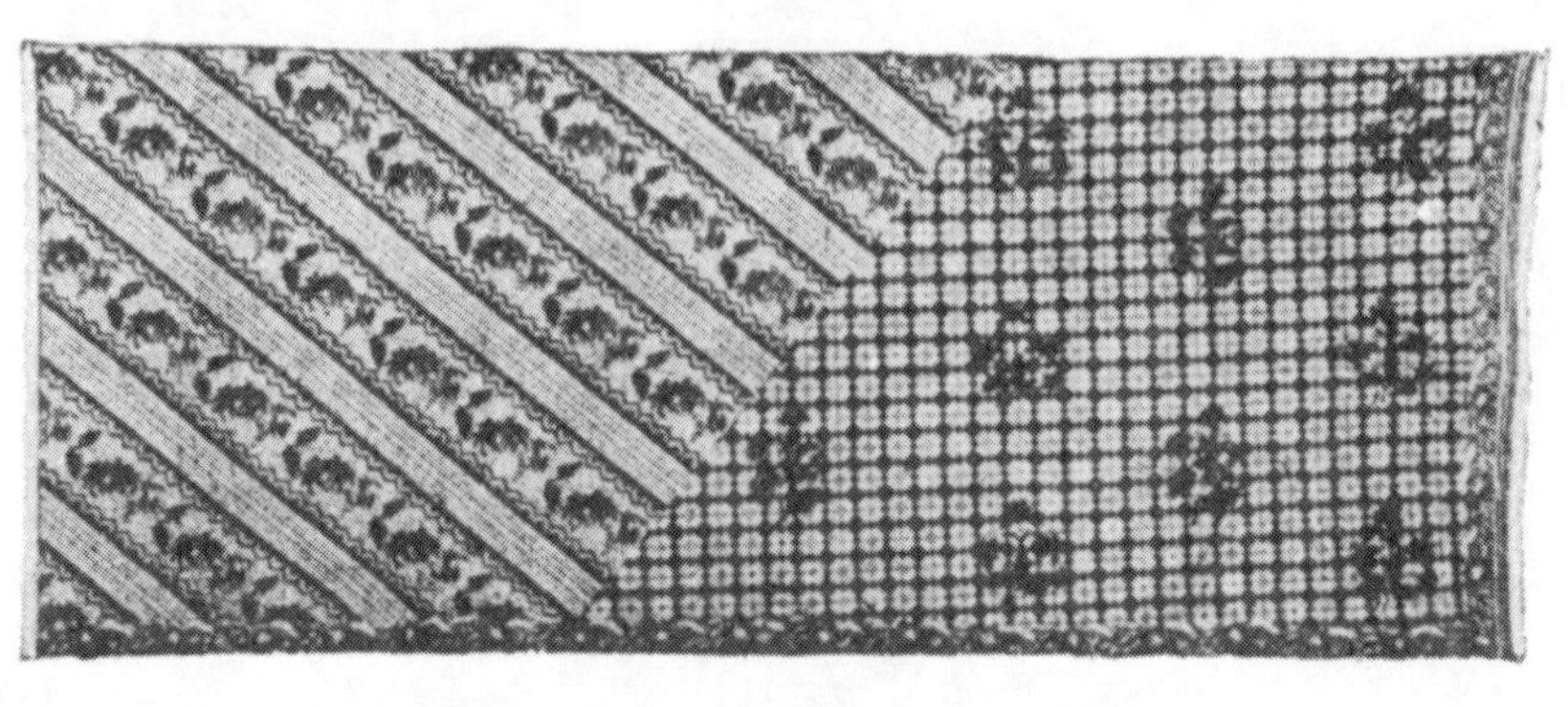

附録

一　ジャワ風景

一

自動車に乗って、タンジョン・プリヨクの港から、ジャカルタの町へ向かって行く。道は運河にそっている。運河には、いろいろな模様(もよう)をかいた小さな船が、三角の帆をあげて静かに浮かんでいる。

野原には、山羊(やぎ)の群があちらこちらにいる。真青な空には、白い雲が光を帯びて流れている。

自動車の運転手は、若いジャワ人で、びろうどのずきんをかぶり、風のような速さでタマリンドの並木路を走り続ける。

その緑の木かげにも、山羊の群がたくさんいる。白い山羊もいれば、黒いのもいる。まだらの山羊もいる。これを追っているのは、みんなジャワの少年たちであった。

二

ジャワは、果物の島。

果物の女王と呼ばれるマンゴスチンがある。形は、まくわうりのようで、味は、熟し柿そっくりのマンゴーがある。

じゃがいものようなかっこうで砂糖のようにあまいサオ、一面にとげの生えた鬼の頭のようなドリアン。世界でいちばん大きな果物といわれるノンコの実もある。

そのほか、パイナップルや、ザボンや、パパイヤなどもあって、それが、みんな目のさめるほどみごとなものばかりである。

バナナに至っては、その種類の多いことだけでもびっくりさせられる。

三

ジャワ人たちは、男でも女でも、サロンを腰に巻いている。いわゆるジャワ更紗で、赤や青や緑などで、花鳥を染め出したはなやかなものが、いっぱんに用いられている。

四

中央ジャワの高原にあるマゲランという町へ行く。さわやかな山道を、汽車は鐘を鳴らしながら登る。小さな山の駅に着くたびに、かごを頭に載せた女たちが、窓のところへ物売りにやって来る。ばしょうの葉に包んだ御飯や、バナナのあげものや、山羊の焼肉などがある。葉に包んだ御飯は、日本のかしわ餅を思わせる。

高原にも牛や羊や水牛がいる。

スチャンという駅で乗りかえた時、ジャワ人の品のよい一家族が乗って来た。その静かなたちいふるまいを見て、このあたりがいちばんジャワらしい風習の残っているところだというこ

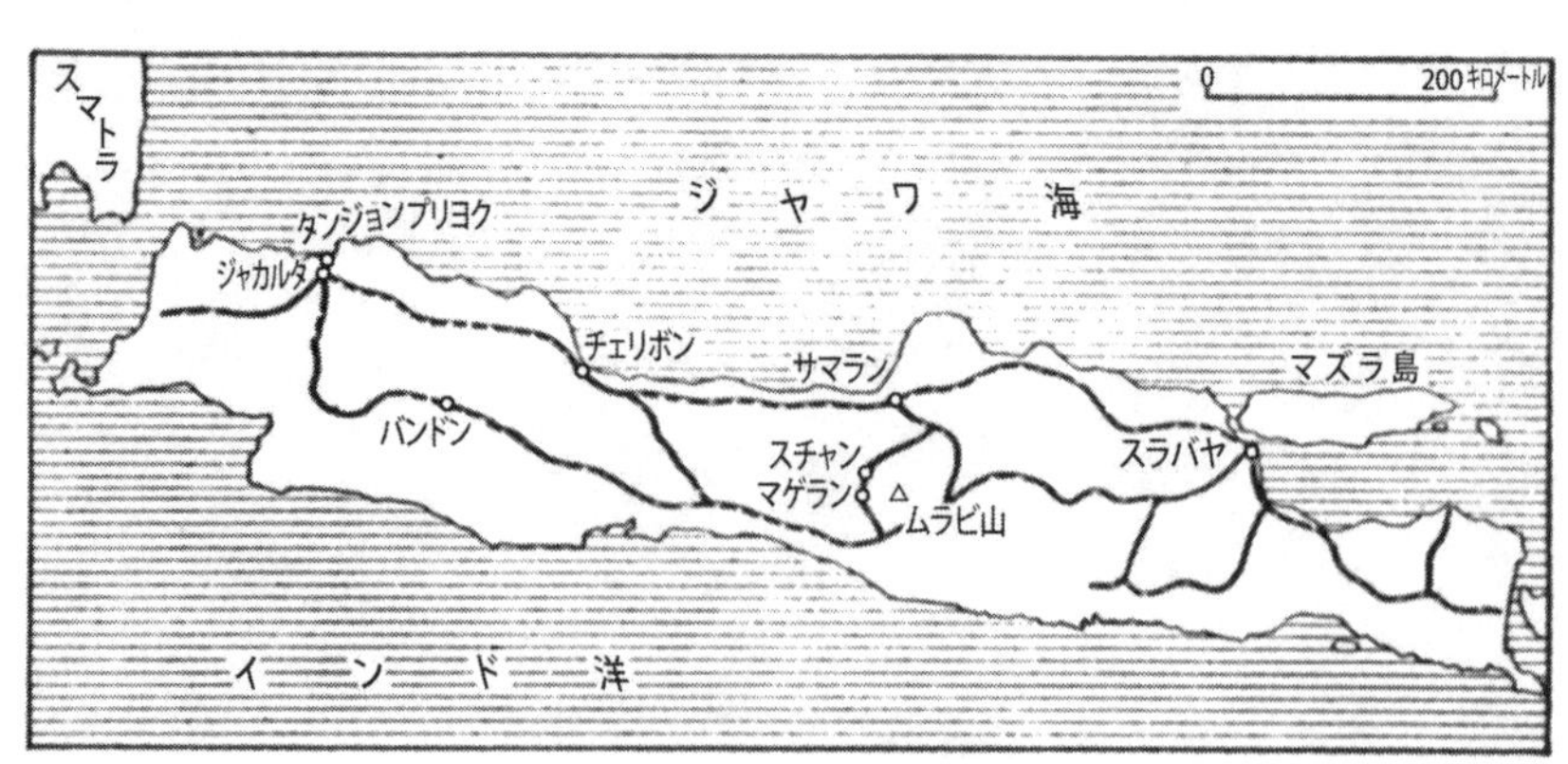

とを思う。

百年ばかり前、ジャワが、オランダと戦ったことがある。その時、ジャワの英雄ジポ・ヌガラが現れて、五年間も守り続けた。その英雄を生んだのが、この地方である。

まもなく、汽車はマゲランの町にはいり、市内電車のように町の中をどんどん走る。止ったところは商店街の真中である。

その夜は、高原の町マゲランにとまる。虫の声を聞きながら、遠くムラピ山から立ちのぼる赤い火を眺めた。

二　ビスマルク諸島

ニューアイルランド島

汽船に乗って、わが南洋のトラック島を出発し、真南へくだって行くと、一日半ぐらいで赤道に達する。それからまた一日半ぐらい南へ航海を続けると、一つの島が見えて来る。ニューアイルランド島である。

汽船をこの島へ寄せるとしたならば、だれでもその北端にあるカビエンという港をえらぶで

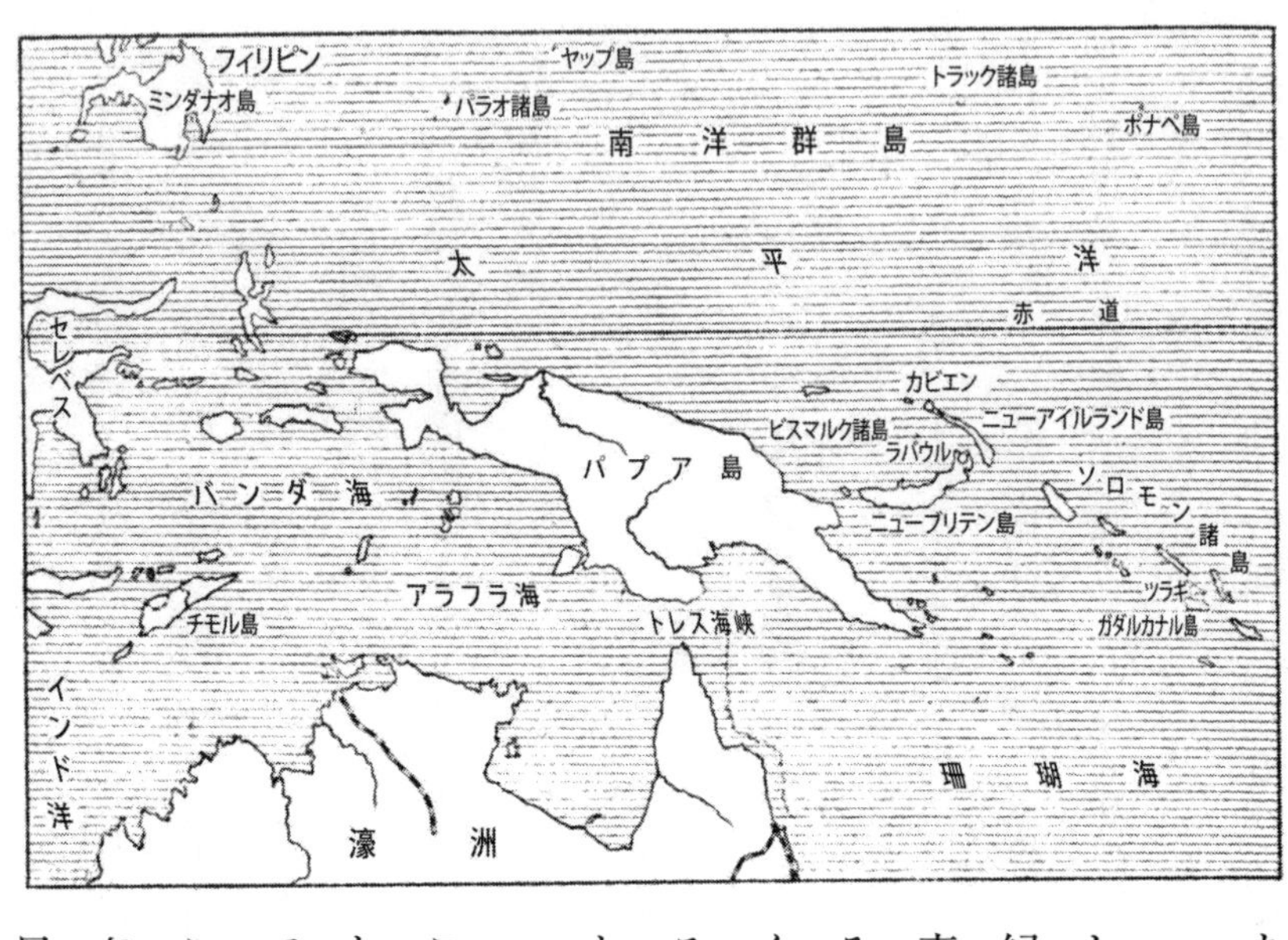

あろう。

そこには、緑青（ろくしょう）を薄くとかして流したような、美しい静かな海が奥深く入り込み、目もさめるような緑の葉の椰子（やし）の木や、鳳凰木（ほうおうぼく）などが茂り、その間に、真赤な仏桑華（ぶっそうげ）の花が咲き乱れている。空は紺青（こんじょう）に澄み渡り、せたけの十倍二十倍もある樹木のかげを行くと、梢には赤・黄・青などの美しい羽をした、いろいろな小鳥が、聞きなれない鳴き声をして飛びまわっている。

黄色に熟したレモンが鈴（すず）なりになっている畠の向こうには、青いパパイヤが、手を延せばとどきそうなところに、千なりびょうたんのようにぶらさがっている。パイナップルも、道のすぐそばで、にこにこした顔を見せているし、南洋りんごと呼ばれる小さなトマトぐらいの大きさの実の生っている木が、早くたべてくださいといわんばかりに、往来まで枝をさしのべている。もぎ取って口へ入れると、かすかすと歯ごたえがして、乾ききったのどへ、あまずっぱい汁が流れ込む。

附近には、わずかな住民の家がところどころに点在し、内地のいなかの村を歩いているような静かさである。住民はパプア族で、色は黒檀(こくだん)のように黒くてつやつやしており、髪はちぢれて、四五センチ以上にはのびない。腰にラップラップという短い腰巻を着けているばかりで、いつもはだか、はだしで暮している。せいは日本人よりもずっと高く、力も強い。しかし気立てはやさしく、日本人を心から尊敬して、なかなか勤勉に働く。

昭和十七年一月二十三日、わが海軍特別陸戦隊が、この土地に敵前上陸して、濠洲(ごうしゅう)兵を追い払い、日本領の標柱を打ちたてた当時から、住民たちは、日本軍の強さと心のやさしさを知って、すっかりなついてしまった。

ニューブリテン島

ニューアイルランド島をあとにして、更に南へ航海を続けると、半日もたったのち、南へずっと連なる大きな島が見えて来る。ニューブリテン島である。

島の北の端に、深い水をたたえた広い湾があって、その湾の奥に、ラバウルというりっぱな町がある。

朝夕、町の姿をうつすこの広い湾は、ラバウルの生命で、一万トン級の船が百五十隻ぐらいはらくにはいれる。パプア島にも、ソロモン諸島にも、濠洲の東北部にも、これと肩を並べるような港はない。赤道をさしはさんで、わが南洋のトラックを北の最良の港とすれば、南の最良港はこのラバウルである。

港がよければ、しぜん政治・交通・産業の中心となるので、以前はここにニューギニア州の総督が住んでいた。しかし今では、日本軍がここにどっかり腰をすえて、濠洲のかなたまでじっとにらみつけて

いるのだ。

この島の中央を、屋根のような山脈が走っている。ラバウルの町も、その後にこの山脈を控え、神戸や横須賀などと同じく、ひな壇のように家々が山の中腹に並んでいる。

ラバウルは、南洋の町としてはりっぱであるが、戸数は五六百を数えるに過ぎない。西洋人の残して行った家は床が高く、その下を立ったままでらくに通行することができる。窓も広く、金網を張って壁の代りにしているが、これらはみんな風通しをよくするためである。

家の軒下には、直径一メートル半もある、トタンで作った円筒形の天水桶が並べてある。このあたりの島々は珊瑚礁からできているせいか、井戸をほっても水は出て来ない。屋根に落ちる雨水は、樋で残らずこの桶にたくわえておくようにする。

船がラバウルの湾の入口にさしかかった時、目の前に立ちふさがっている火山が、白い煙を吐いていたが、時々この火山が爆発して、火山灰をラバウルの町へふりまく。殊に、季節風が南西にかわる三月ごろから始って、十一月ごろまではよく灰が降り、植物は枯れ、名物のほたるまでが死んでしまう。皇軍がこの島を治めるようになってから、火山灰の降らないところに、新ラバウルの市街を作ることになっている。

この島の住民の数は九万人余りで、みんなパプア族である。パンの実、バナナ・タロいもなどを常食としている。魚を取ることも上手である。

子どもが、椰子の梢にのぼって実を取っていることがある。椰子の実からコプラを取るためである。その木かげで豚が遊び、あちらこちらに鶏の鳴き声が聞かれるのも、のどかな風景である。

三　セレベスのいなか

一

セレベスの島影は、どこか日本の山を思わせるような姿で、地平線の上に浮かびあがって来た。

赤道を越えて南半球へはいると、だれしも遠く来たものだと思わないではいられないが、今目の前に現れて来た陸地の姿や、木々の色が、フィリピンの島々よりもかえって日本に近いものを感じさせるのは、意外だった。ただ、海の色と、空の明かるさと、雲の形が、日本の内地に比べてすばらしくあざやかである。

南にウォウォニ島を見ながら、船は静かにスターリング湾へはいる。だが、想像していたコ椰子（やし）の林も、船着き場も、家らしい家さえも

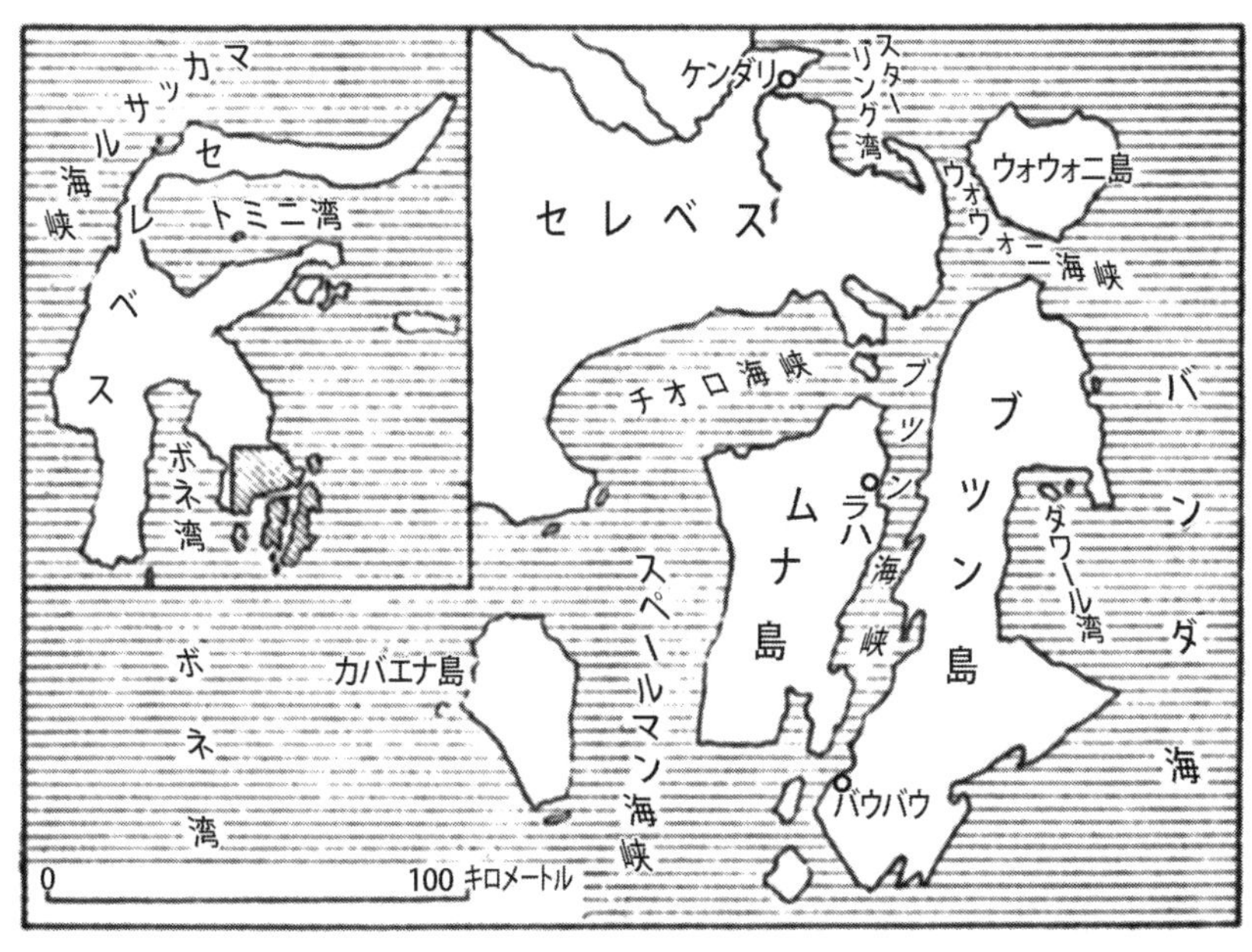

見えない。ところで、一面マングローブの林のように見える岸べから、せまい水道を通って、更に袋のようにひろがった湾内へはいると、そこにケンダリという小さな町があった。

船は、浅い珊瑚礁を警戒していかりをおろした。日は、もう山の端にかくれた。陸地の方から、果物の香気のようなにおいをふくんだそよ風が流れて来る。あたりには、まだたそがれのかすかな光がただよっていて、空と海とが、刻々に千変万化の美しさを見せる。住民たちが、丸木舟でわれわれの船に近づいて来て、「バナナ、バナナ」といいながら、太いバナナの房をささげる。日本人のバナナがすきなことを知って、売りに来るのである。

「あれは、馬に食わせるバナナだ。とても、なまではまずくてたべられやしないよ」

と、以前セレベスにいた人が笑って教えてくれた。

二

「この道はいつか来た道」と歌いたくなるのが、セレベスのいなか道であった。耕されていないこんな広い原野というものになじみのないわれわれには、森や林の間にひろびろとひろがっている草原が、ふと麦畠のように感じられる。ただところどころに、ニッパ椰子や、サゴ椰子や、びんろうが生えているけれども、ここがセレベスだとは思えないほど日本内地の風景によく似ている。

三

セレベスには、猛獣毒蛇がいないという。だが、家の中の机の上に、大きなとかげがちょこんと頭をもたげてすわっていたり、大男の手のひらほどもある、黒と黄色のだんだらの蜘蛛とも蚊とんぼともつかないものが、ふわふわ飛んで来たり、毒々しいまでに朱色のとんぼが、壁に止ったりしているのを見ると、あの内地の山によく似た山脈の森の中には、どんな動物がいるのか想像がつかない。

朝、日の出前から、うっそうと茂った林の中では、うぐいすそっくりな鳥の声や、今まで聞いたこともない笛を吹くような調子で鳴く奇妙な鳥の声がする。

朝の涼しさは、その鳥の声とともに内地の春を思わせるのであるが、やがてぎらぎらと太陽が中天にのぼると、焼けつくような暑熱が地上を支配する。この炎天のもとのはるかな草原に、大きなすすきの穂が波のように揺れ、とんぼが飛びかうのを見ていると、これが夏なのか秋なのかと考えてみたくなる。

四

夜が来て、山脈の上の黒水晶のようにつやつやした大空に、南十字星がかかって、あたり一面が虫の声に満たされ、木々の間に無数のほたるが群がって青白い光を見せ始めると、世界は太古のような静けさの中へはいって行く。

住民のまばらな、広大なセレベスの夜の静けさは、内地の都会や町に住む人々には、想像もつかないであろう。

今は二月、内地ではまだ寒い風が吹いているであろうに、四季(しき)のないセレベスのいなかでは、窓を開けはなし、かやをつって、きらきらと輝く南半球の星を眺めながら寝につくのである。

四　サラワクの印象

一

赤道下のボルネオにも、こんなに気持のよい町があったのかと驚かされるのがクチンである。

クチンは、ボルネオ島の北西岸、海に面して細長くのびた旧サラワク王国の首都である。

サラワク川の川口から、広々と流れる濁流(だくりゅう)をさかのぼること約三四時間、右岸一帯に打ち続くうっそうとした密林が切れて、白い壁に赤い屋根の建物がずらりと川岸に立ち並んで見える。

これがクチンである。

川にそって作られた数本の鋪装(ほそう)道路の両側には、雑貨店と呉服(ごふく)店を中心に、南洋のどこの町

にも見られるあの支那風の商店が、ぎっしりと軒を並べている。そうして、この町も他の町々と同じように、商店の持主はほとんど華僑である。

その店先は、赤や黄色のあざやかな花模様を散らした更紗地と、すきとおるような水色や、赤や、緑の薄いきれ地などがいっぱいにかざられ、それが強烈な南洋の光線に照り映えて、まぶしい色どりをただよわしている。

町を歩いてまず感じることは、このような商店街が思ったよりも清潔であり、きちんと整っていることである。上海や広東あたりの支那街の、あのごった返したやかましさは見られない。

商店街からのびた数本の鋪装道路は、町とせなか合わせに続いている美しい傾斜面と、緑濃いゴム林におおわれた公園地帯の間を走っている。そうして、赤屋根の住宅が、あちらこちらの緑の中に点在している。

サラワク特産のオランウータンの子どもが、大きな頭を振りながら時々現れて来ては、日本の兵隊さんたちを喜ばすのもこのあたりである。これはたいてい人に飼いならされたもので人を見るとひょうきんなかっこうをして、なつかしげに近寄って来る。オランウータンは猿の一種で、その一挙一動がおかしいほど人間に似ており、旧サラワク王国時代には、これを国外へ出すことを禁じて保護していたものである。

二

住宅の周囲には、すくすくとのびたゴムの木立が緑色の涼しいかげを作っており、木立の間を流れる空気はひえびえと澄みきって、パイナップルのにおいがあたりに満ちている。

ここの住宅地に明け暮れを送ると、しばしば北緯一度半の熱帯にいることを忘れてしまう。あの不愉快な蚊もいなければ、蠅もいない。焼けつくような真昼の暑さは、緑色の涼しい木かげでさえぎられ、夜になると、窓から山のいぶきが水のように流れ込んで来る。

家のまわりのゴム林には、名も知れない鳥が来て鳴き始める。それは、明け方になるにつれて激しく、夜明け前の一時間ぐらいに最高潮に達する。何千何百という数知れない小鳥たちが、いっせいに歌を奏する。よく晴れた朝など、この一大交響楽にしばしば目をさまされることがある。

ボルネオの雨季は、十月に始って三月ごろに終る。このころになると、北東の季節風が吹き始め、一日に何回となく激しいスコールがおとずれる。中でもクチンのスコールは、よそでは見られないほど猛烈なものである。大粒の雨が、ものすごい音をたててゴムの葉をたたき、しぶきをあげ、一間先も見えなくなるくらい降り続く時は、息苦しくさえなって来る。

それに雷が多い。今にも頭上に落ちかかるかと思われるような、激しい雷が鳴り響く。スコールの荒れる夜など、すぐ目の前のゴムの木の根へ、耳をつんざくような雷鳴とともに、幅広い稲妻が鋭く切り込む時など、実にすさまじい光景である。

三

ボルネオの住民であるダイヤ族は、クチンでも大部分を占めている。

ダイヤ族には、陸ダイヤと海ダイヤとの二種族がある。海ダイヤ族は、男女ともに胸から両手・顔にかけて、たくさんの入れ墨をしている。主として海べに住み、すなどりを業としているが、性質が荒っぽく、海賊を働いたり、今でも人の首を取ったりする悪習が残っている。陸ダイヤ族は、これに反し性質が従順なので、海ダイヤ族に追われて陸地深く逃げ込み、農耕(のうこう)をしている。クチンあたりに住んでいるのは、入れ墨も少く、小がらで柔和(にゅうわ)な顔をしている。かれらは、二三百戸ほどずつ集って生活している。毒虫(どくむし)と湿気(しっき)から逃れるために、部落全体は、高さ一丈ぐらいの竹で作った床の上にできている。

広い竹張りの廊下(ろうか)が部落の真中を走り、その両側に、竹と椰子(やし)の木で作った長屋がずらりと並んでいる。どの家も同じ作りで、家の中に小さな通路があり、廊下へ出なくてもその通路をくぐれば、部落全体の家をたずねることができる仕組みになっている。床下には、豚(ぶた)や、鶏が飼ってある。廊下は、いわば部落の大通である。

女たちは、勤勉に働いて家を守っている。廊下にもみを干し、小さな木臼(きうす)を囲んで米をつく。そのきねは、月の世界の兎がつく餅つきのきねとそっくりである。女たちは、すわって針仕事もすれば、陸(おか)稲(ぼ)の草取りから刈入れまでする。かれらは水浴がすきである。朝夕、部落のほと

りを流れる清流にはいって、部落の人たちがそろって水浴する眺めは壮観である。

その他、マレー人がたくさん住んでいる。マレー人はいちばん進んでいて、勢力もある。男女ともサロンをまとい、女は日本風のじゅばんを着ている。髪も束髪のように結っている。マレー人の女たちが、夕方など、こんな姿で子どもをだいて門口に立っているのを見ると、ふと九州のいなかへ行ったような気持になることがある。それほど日本人に似た姿である。それればかりではない。何十年も昔から、ほんとうの日本人も住んでいる。この地に住みついた日本人の男女を見ると、マレー人とほとんど区別がつかないほどである。マレー人も水浴がすきである。かれらは、これをマンデーと呼んでいる。夕方小川などは、サロンのままマンデーをするマレー人でいっぱいである。

支那人は、どこへ行ってもそうであるように、ここへも支那の生活をそのまま持ち込んでいる。団結力の強いかれらは、またたくまに支那街を作り、そこに支那でやって来たのとそっくりそのままの生活と習慣とをくりひろげる。土地の習慣や生活には目もくれない。かれらは、自分たちだけの世界を築きあげる。それは、見ていると自信に満ちた生活ぶりである。

初等科国語　八

一　玉のひびき

御製

いそ崎にたゆまずよするあら波を凌(しの)ぐいはほの力をぞおもふ
西ひがしむつみかはして栄ゆかむ世をこそいのれとしのはじめに

大正天皇御製

としどしにわが日の本のさかゆくもいそしむ民のあればなりけり
汐(しお)風のからきにたへて枝ぶりのみなたくましき磯の松原

明治天皇御製

いにしへのふみ見るたびに思ふかなおのがをさむる国はいかにと
あさみどり澄みわたりたる大空の広きをおのが心ともがな
目にみえぬかみの心に通ふこそひとの心のまことなりけれ
さしのぼる朝日のごとくさわやかにもたまほしきは心なりけり
高殿の窓てふまどをあけさせてよもの桜のさかりをぞみる

昭憲皇太后御歌

朝ごとにむかふ鏡のくもりなくあらまほしきは心なりけり

広前に玉串（ぐし）とりてうねび山たかきみいつをあふぐ今日かな

大宮の火桶（ひおけ）のもとも寒き夜に御軍人は霜やふむらむ

二　山の生活二題

銅山

入坑の時刻がせまった。

坑口の前の線路には、幾十台の軌道車（きどうしゃ）が、鉱員たちの乗るのを待っている。

集合した鉱員は、東方へ向いて整列する。鉄かぶとに似た帽子をかぶり、作業服・じか足袋（たび）に、尻（しり）あてといったいでたちである。

厳かな国民儀礼を行ったのち、いっせいに体操をする。朝の光を受けて、元気よく腕をのばし、足を挙げ、胸を張る。

体操がすむと、みんな軌道車に乗り込む。出発に際し、事務所の係員が、

「今日も、十分気をつけて働いてください。では、元気で行っていらっしゃい」

と挨拶する。軌道車が動きだすと、拡声器から快活な行進曲が響いて来る。

坑口には、大きな神棚があって、その下を通過する時、鉱員たちは、「無事に働かしてください」と心から祈る。そうして、まっしぐらに坑道へ進んで行く。

一歩坑内へはいれば真暗で、あたりの岩石に、軌道車の響きがごうごうと反響する。鉱水のにおいがして来る。「採鉱へ総進軍」と書いた電燈看板に迎えられて、三キロ、四キロと坑内深くはいって行く。

やがて軌道車からおり、昇降機に分乗して、数百メートルのたて坑を一気におりて行く。

そこから、各自受持の採鉱現場へと急ぐ。アセチレン燈をたよりに、ほら穴を奥へ奥へもぐって行く。地熱のために暑くなり、温度が高いのでむしむしする。上着な

どは脱いでしまう。

「さ、仕事にかかろう」

鉱石の肌が美しい。色が美しいのではない、形が美しいのでもない。弾丸になり、武器になり、機械になる貴い銅が、この鉱石の中に眠っているのだ。日本を守ってくれる宝が、この中に生きているのだ。そう思うと、鉱石の光沢も、ひだも、硬度も、重量感も、みな美しく見えて来るのだ。

鑿岩機をかかえて、「ダ、ダ、ダ、ダ」と鉱石に穴をあける。いくつもあける。あけてはそこへ爆薬をつめる。爆破させる。もうもうと、煙やガスが立ちこめる。

これが晴れるのを待って、鉱石運搬の鉱員がやって来る。シャベルですくっては、トロッコに積み込む。たちまち鉱石満載のトロッコが、一台、二台、三台とできあがる。やがて、十台、二十台と長くつながって、坑外へ運搬されて行く。まさに山の幸を得ての凱旋だ。鉱石を運んでしまったあとの坑内に、支柱を

組み立てる鉱員が仕事にかかる。太い、がんじょうな材木を、鳥居のような形にがっしりと組み合わせる、岩石がくずれないように、働く人の足場が落ちないようにと念じながら。

こうして、鉱石を掘る人、鉱石を運ぶ人、支柱を立てる人――これらがいっしょになって、坑内で働いている。めいめい勝手なことはできない。心を一つにすることが、かんじんだ。一分のすきも許されない。もしあれば、危険という魔が、すぐねらって来るからである。

鉱員同志に「申し送り」があり、「申し受け」があって、たがいに堅く連絡を取るのもそのためである。これはちょうど、かまをたく人、運転する人、方向を見定める人などが、いっしょになって艦船を走らせるのと変りはない。

鉱員たちは、だれも見ていない真暗なところで仕事をするので、なまけようと思えば、なまけられないことはない。しかし、決してそんな気持にはなれない。なれないどころか、戦線に弾丸を一発でも多く送ってやりたいと思えば、いくら働いても働いても、なお足りないような気がする。

七時間の労働時間も、やがて過ぎてしまう。

「交代の時間だ」

鉱員たちは、現場を引きあげて昇降機に乗る。再び軌道車に揺られて、帰途につく。疲れた五体ではあるが、働きぬいた満足で心は軽やかである。ごうごうと響く車の音は、見送ってくれる山の歓声である。

清風一陣、坑内から坑外へ出る。

太陽の輝く青い空、何といってあの明かるさをいい表したらよいだろう。

石の山

見あげるばかり高く切り立った山だ。御影石の山々だ。山の肩のあたりから、刃物でそいだように突っ立っていて、真昼の日光が、まぶしいほど反射して来る。

あちらの山でも、こちらの山でも、三四人ずつ一かたまりになって、石の上で働いている。鑿（のみ）を持つ人、それを槌（つち）で打つ人、その穴に水をさす人。

堅い石に、長い鑿を打ち込んで行くこの仕事は、生やさしいものではない。真直に打ち込むのだ。第一、並み並みならぬ根気がいる。

槌の音は、いかにものんびりと響いているが、一槌ごとに心をこめて打っている音である。一センチ、二センチ、石に穴があく。それが積り積って、五メートル、八メートルにもなるのである。

日の出から日の入りまで、同じような仕事を、くり返しくり返し続けてやる。たとえ日が照ろうが、風が吹こうが、じりじりと続けられて行く。

十分深く穴を掘ってしまうと、火薬を固くつめる。爆音とともに、家ほどもある御影石が、ごろんごろんと、倒れ落ちる。その大きな石を二つに割り、四つに割り、用途によっては更にいくつにも小さく割って行く。堅い、大きな石が、小さな鑿と槌で、思い通りにぱくんぱくんと割れる。

割られた石材は、石積み車に載せられて、山の道をすべるように運ばれて行く。

日がな一日、露天で働く石工たちは、みんな日にやけて、顔も、腕も、黒々としている。いかにも丈夫そうだ。けれども、仕事の相手は大きな岩であり、山のからだである。それで、石工の姿は、山の中で見かけると至って小さく、たよりなく見える。よく、あの両腕で石が割れるものだ。よく山と取り組んで働けるものだと思う。

一人前の石工になるためには、早くから弟子入りをしなければならない。

弟子たちは、石くずをかたづけたり、仕事場の掃除をしたり、鑿などをやく火のふいごをふいたりする。こうして、三年も五年も石の山に通っては、石工の仕事を見覚えて行くのである。大きな石が、おもしろいほど思い通りに割れる腕前になるには、長い間の汗みどろの努力がひそんでいる。たとえば石を割るには、石の目を見わけなければならない。石の目というのは、ちょうど板でいえば、木目のようなものである。小さな雲母や、石英や、長石などが、ごちゃごちゃに入り混っている石の面を見て、その目を見わけ、それによってこの石はこう割れるということが判断される。もし石の目を見まちがえれば、石は、とんでもない方向にひびが入り、思わない倒れ方をする。石の山で働く人は、大まかで荒っぽい仕事をしているようで、決してそうではない。

一生を石の中で暮している石工たちには、心なき岩石も意志あるかのように思われ、その岩石を何百万年もだきかかえている母のような山の心も、わかるような気がするという。

三　ダバオへ

ダバオへ、ダバオへ。

一万八千名の在留邦人を、一刻も早く救い出したいと、北方から疾風のように、皇軍はダバオをめざして押し寄せた。

武装した兵士を満載したトラックが、ダバオ市内に突入して、町の十字路にさしかかると、棍棒を持った二三人の男がとび出して来た。

「万歳、万歳」

シャツもズボンも破れて、泥だらけだ。足も手も顔も、ほこりにまみれ、目だけが異様に光っている。

「日本人か」

トラックの上から勇士がどなった。もちろん日本人であった。その人々の顔には、感激の涙がとめどなく流れた。そうして、声をふるわしながら、

「ありがとうございました」

と、何べんもくり返すのであった。

「日本人は、みんな無事ですか。どこにいますか」

と、トラックの上の兵士たちは口々にたずねた。

「みんな無事で、学校に監禁されています」

という答えを聞くが早いか、トラックは、市の中央部

へ突き進んで行った。

ダバオ攻撃部隊は、ダバオ州政庁・市役所・裁判所・電話局などの要所をまたたく間に占領して、屋上高く日章旗をかかげた。

兵士を載せたトラックが、帝国領事館の横へ来ると、そばの学校から、黒山のような邦人の群が、わあっとなだれを打って道路へ押し出して来た。大東亜戦争開始以来、この学校に監禁されていた約八千の邦人が、皇軍の入城を知って、狂喜してこれを迎えたのであった。

トラックの上の兵士たちは、高く手を振って挨拶（あいさつ）しながら、敵を急追してフィリピン中学校附近まで前進した。すると、今までしんと静まり返って、死んだようになっていた校舎の中から、どっとばかりに四千名の邦人が出て来た。校庭は、「万歳、万歳」の声で埋った。

トラックは、校庭の中央に止った。

部隊長は、トラックの上に立ちあがって、やさしい、いたわりの心のこもったことばで訓示をした。人々の中からは、かすかにすすり泣きの声がもれた。

部隊長の訓示が終ると、林のように静かになっていた邦人の間から、厳かに君が代の合唱が起った。不動の姿勢をしたトラックの上の勇士も、校庭に居並ぶ邦人も、頬（ほお）を伝う涙を払いもせず、泣きながら歌い、歌いながら泣いた。

四　孔子と顔回

一

「ああ、天は予をほろぼした。天は予をほろぼした」

七十歳の孔子は、弟子顔回の死にあって、声をあげて泣いた。

三千人の弟子のうち、顔回ほどその師を知り、師の教えを守り、師の教えを実行することに心掛けた者はなかった。これこそは、わが道を伝え得るただ一人の弟子だと、孔子はかねてから深く信頼していた。その顔回が、年若くてなくなったのである。

「ああ、天は予をほろぼした。天は予をほろぼした」

まさに、後継者を失った者の悲痛な叫びでなくて何であろう。

二

十数年前にさかのぼる。孔子が、弟子たちをつれて、匡（きょう）というところを通った時、突然軍兵に囲まれたことがある。かつて陽虎（ようこ）という者が、この地でらんぼうを働いた。不幸にも、孔子の顔が陽虎に似ていたところから、匡人は孔子を取り囲んだのである。この時、おくればせにかけつけた顔回を見た孔子は、ほっとしながら、

「おお、顔回。お前は無事であったか。死んだのではないかと心配した」

といった。すると顔回は、

「先生が生きていらっしゃる限り、どうして私が死ねましょう」

と答えた。

孔子は五十余歳、顔回は一青年であった。わが身の上の危さも忘れて、孔子は年若い顔回をひたすらに案じ、また顔回は、これほどまでその師を慕っていたのであった。

三

それから数年たって、陳（ちん）・蔡（さい）の厄があった。孔子は楚（そ）の国へ行こうとして、弟子たちとともに陳・蔡の野を旅行した。あいにくこの地方に戦乱があって、道ははかどらず、七日七夜、孔子も弟子も、ろくろく食う物がなかった。

困難に際会すると、おのずから人の心がわかるものである。弟子たちの中には、ぶつぶつ不平をもらす者があった。き一本な子路が、とがり声で孔子にいった。

「いったい、徳の修った君子でも困られることがあるのですか」

徳のある者なら、天が助けるはずだ。助けないところを見ると、先生はまだ君子ではないのか――子路には、ひょっとすると、そういう考えがわいたのかも知れない。孔子は平然として答えた。

「君子だって、困る場合はある。ただ、困り方が違うぞ。困ったら悪いことでも何でもするというのが小人である。君子はそこが違う」

子貢（しこう）という弟子がいった。

「先生の道は余りに大き過ぎます。だから、世の中が先生を受け容れて用いようとしません。先生は、少し手かげんをなさったらいかがでしょう」

孔子は答えた。

「細工のうまい大工が、必ず人にほめられるときまってはいない。ほめられないからといって、手かげんするのが果してよい大工だろうか。君子も同じことだ。道の修った者が、必ず人に用いられるとはきまっていない。といって手かげんをしたら、人に用いられるためには、道はどうでもよいということになりはしないか」

顔回は師を慰めるようにいった。

「世の中に容れられないということは、何でもありません。今の乱れた世に容れられなければこそ、ほんとうに先生の大きいことがわかります。道を修めないのは君子の恥でございますが、君子を容れないのは世の中の恥でございます」

このことばが、孔子をどんなに満足させたことか。

四

孔子は、弟子に道を説くのに、弟子の才能に応じてわかる程度に教えた。

孔子の理想とする「仁」についても、ある者には「人を愛することだ」といい、ある者には「人のわる口をいわないことだ」と説き、ある者には「むずかしいことを先にすることだ」と教えた。いずれも「仁」の一部の説明で、その行いやすい方面を述べたのである。ところで顔回には、

「己に克(か)って礼に復(かえ)るのが仁である」

と教えた。あらゆる欲望にうちかって、礼を実行せよというのである。その実行方法として、

「非礼は見るな。非礼は聞くな。非礼はいうな。非礼に動くな」

と教えた。朝起きるから夜寝るまで、見ること、聞くこと、いうこと、行うこと、いっさい礼

に従い、礼にかなえよというのである。ここに、「仁」の全体が説かれている。そうして、顔回なればこそ、この最も むずかしい教えを、そのまま実行することができたのである。

五

孔子は顔回をほめて、

「顔回は、予の前で教えを受ける時、ただだまっているので、何だかぼんやり者のように見える。しかし退いて一人でいる時は、師の教えについて何か自分で工夫をこらしている。決してぼんやり者ではない」

といっている。また、

「ほかの弟子は、教えについていろいろ質問もし、それで予を啓発してくれることがある。しかし、顔回は質問一つせず、すぐ会得して実行にかかる。かれは、一を聞いて十を知る男だ」

ともいっている。

孔子がよく顔回を知っていたように、顔回もまたよくその師を知っていた。顔回は孔子をたたえて、

「先生は、仰げば仰ぐほど高く、接すれば接するほど奥深いお方だ。大きな力で、ぐんぐんと人を引っぱって行かれる。とても先生には追いつけないから、もうよそうと思っても、やは

りついて行かないではいられない。私が力のあらん限り修養しても、先生は、いつでも更に高いところに立っておいでになる。結局、足もとにも寄りつけないと感じながら、ついて行くのである」

といっている。顔回なればこそ、偉大な孔子の全面を、よく認めることができたのである。

六

「先生が生きていらっしゃる限り、どうして私が死ねましょう」

といった顔回が、先生よりも先に死んでしまった。

ある日、魯(ろ)の哀公(あいこう)が孔子に、

「おんみの弟子のうち、最も学を好むものはだれか」

とたずねた。孔子は、

「顔回という者がおりました。学を好み、過ちも二度とはしない男でございましたが、不幸にも短命でございました」

と答えた。

五　奈良(なら)の四季

若草山も春日野(かすがの)も
かすみこめたる春景色、
古き都のなごりとて
花はむかしの色に咲く。
古人いえらく、
　奈良七重七堂伽藍(がらん)八重桜。

大仏殿に仏燈の
光は今もかがやきて、
正倉院(しょうそういん)は天平の
むかしを固く封じたり。
古人いえらく、
　虫干しやおひの僧とふ東大寺。

鹿の鳴く音にさそわれて、
三笠(みかさ)の山をはなれけん、
満月はやく猿沢(さるさわ)の
池の水(み)の面(も)に浮かびたり。
古人いえらく、
　仲麻呂(なかまろ)の魂祭せん今日の月。

佐保の川原は水あせて、
石にささやく音静か。
かえりみすれば葛城(かつらぎ)の
山のいただき雪白し。
古人いえらく、
　大仏を見かけて遠き冬野かな。

六　万葉集

今を去る千二百年の昔、東国から徴集されて、九州方面の守備に向かった兵士の一人が、

今日よりはかへりみなくて大君のしこの御楯（みたて）と出で立つわれは

という歌をよんでいる。「今日以後は、一身一家をかえりみることなく、いやしい身ながら、大君の御楯となって出発するのである」という意味で、まことによく国民の本分、軍人としてのりっぱな覚悟を表した歌である。こういう兵士やその家族たちの歌が、万葉集に多く見えている。

御代御代の天皇の御製を始め奉り、そのころのほとんどあらゆる身分の人々の作、約四千五百首を二十巻に収めたのが、万葉集である。かく上下を問わず、国民一般が、事に触れ物に感じて歌をよむというのは、わが国民性の特色というべきである。

武門の家である大伴（おおとも）氏・佐伯（さえき）氏が、上代からいい伝えて来たのを、大伴家持（おおとものやかもち）が長歌の中によみ入れた次のことばは、今日国民の間に広く歌われている。

海行かば水づくかばね、
山行かば草むすかばね、
大君の辺にこそ死なめ、
かへりみはせじ。

「海を進むなら、水にひたるかばねともなれ、山を進むなら、草の生えるかばねともなれ、大君のお側で死のう、この身はどうなってもかまわない」といった意味で、まことにおおしい精神を伝え、忠勇の心がみなぎっている。万葉集の歌には、こうした国民的感激に満ちあふれたものが多い。

有名な歌人、柿本人麻呂や、山部赤人の作も、また万葉集によって伝えられている。

東の野にかぎろひの立つ見えてかへりみすれば月かたぶきぬ

人麻呂の歌である。文武天皇がまだ皇子でいらっしゃったころ、大和の安騎野で狩をなさった。人麻呂も御供に加った。野中の一夜は明けて、東には今あけぼのの光が美しく輝き、ふり返って西を見れば、残月が傾いている。東西の美しさを一首の中によみ入れた、まことに調子の高い歌である。人麻呂は、特に歌の道にすぐれていたので、後世歌聖とたたえられた。

和歌の浦に潮みち来れば潟をなみあしべをさしてたづ鳴きわたる

紀伊の国へ行幸の御供をした時、赤人が作った歌である。「和歌の浦に潮が満ちて来ると、干潟がなくなるので、あしの生い茂っている岸べをさして、鶴が鳴きながら飛んで行く」という意味で、ひたひたと寄せる潮の静かな音、鳴きながら飛んで行く鶴の羽ばたきまでが、聞かれるような感じのする歌である。

をのこやも空しかるべき万代に語りつぐべき名は立てずして

山上憶良の作である。憶良は、遣唐使に従って支那へ渡ったこともある。この歌は、「いやしくも男と生まれた以上、万代に伝うべき名も立てないで、どうして空しく死なれようか」というのであって、後人を奮起させるものがある。

あをによし奈良の都は咲く花のにほふがごとく今さかりなり

東大寺の大仏ができ、インドから高僧が渡海して来たころのはなやかな奈良の都を、ありありと見るような気がする。小野老の歌である。

万葉集には短歌が多いが、後世の歌集に比べて長歌の多いのが、一つの特色となっている。

大和には群山あれど、
とりよろふ天の香具山、
登り立ち国見をすれば、
国原はけぶり立ち立つ、
海原はかまめ立ち立つ。
うまし国ぞ、
あきつ島大和の国は。

舒明天皇の御製で、長歌としては短いものの一つである。「大

和の国には、たくさんの山々があるが、中でもりっぱに整った香具山に登って、国のようすを見ると、平地は広々として、かまどの煙があちらこちらに立ちのぼり、海のように見渡される池には、かもめがあちらこちらに飛び立っている。大和は、ほんとうにりっぱなよい国である」というのであって、美しい光景を目の前に見るようにお歌いになっている。

万葉集の歌は、まことに雄大であり明朗である。それは、わが古代の人々が、雄大明朗の気性を持ち、極めて純な感情に生きていたからである。「万葉」とは「万世」の意で、万世までも伝えようとした古人の心を、われわれは読むことができるのである。

七　修行者と羅刹（らせつ）

色はにほへど散りぬるを、
わがよたれぞ常ならむ。

どこからか聞えて来る尊いことば。美しい声。

ところは雪山（せっせん）の山の中である。長い間の難行苦行に、身も心も疲れきった一人の修行者が、ふとこのことばに耳を傾けた。

いい知れぬ喜びが、かれの胸にわきあがって来た。病人が良薬を得、渇者が清冷な水を得たのにもまして、大きな喜びであった。

「今のは仏の御声でなかったろうか」

と、かれは考えた。しかし、「花は咲いてもたちまち散り、人は生まれてもやがて死ぬ。無常は生ある者の免れない運命である」という今のことばだけでは、まだ十分でない。もしあれが仏のみことばであれば、そのあとに何か続くことばがなくてはならない。かれには、そう思われた。

修行者は、座を立ってあたりを見まわしたが、仏の御姿も人影もない。ただ、ふとそば近く、恐しい悪魔（あくま）の姿をした羅刹のいるのに気がついた。

「この羅刹の声であったろうか」

そう思いながら、修行者は、じっとそのものすごい形相を見つめた。

「まさか、この無知非道な羅刹のこと

ばとは思えない」

と、一度は否定してみたが、

「いやいや、かれとても、昔の御仏に教えを聞かなかったとは限らない。よし、相手は羅刹にもせよ、悪魔にもせよ、仏のみことばとあれば聞かなければならない」

修行者はこう考えて、静かに羅刹に問いかけた。

「いったいおまえは、だれに今のことばを教えられたのか。思うに、仏のみことばであろう。それも前半分で、まだあとの半分があるに違いない。前半分を聞いてさえ、私は喜びにたえないが、どうか残りを聞かせて、私に悟りを開かせてくれ」

すると、羅刹はとぼけたように、

「わしは、何も知りませんよ、行者さん。わしは腹がへっております。あんまりへったので、つい、うわ言が出たかも知れないが、わしには何も覚えがないのです」

と答えた。

修行者は、いっそう謙遜な心でいった。

「私はおまえの弟子になろう。終生の弟子になろう。どうか、残りを教えていただきたい」

羅刹は首を振った。

「だめだ、行者さん。おまえは自分のことばっかり考えて、人の腹のへっていることを考えてくれない」

「いったい、おまえは何をたべるのか」

「びっくりしちゃいけませんよ。わしのたべ物というのはね、行者さん、人間の生肉、それから飲み物というのが、人間の生き血さ」

というそばから、さも食いしんぼうらしく、羅刹は舌なめずりをした。

しかし、修行者は少しも驚かなかった。

「よろしい。あのことばの残りを聞こう。そうしたら、私のからだをおまえにやってもよい」

「えっ。たった二文句ですよ。二文句と、行者さんのからだと、取りかえっこをしてもよいというのですかい」

修行者は、どこまでも真剣であった。

「どうせ死ぬべきこのからだを捨てて、永久の命を得ようというのだ。何でこの身が惜しかろう」

こういいながら、かれはその身に着けている鹿（しか）の皮を取って、それを地上に敷いた。

「さあ、これへおすわりください。つつしんで仏のみことばを承りましょう」

羅刹は座に着いて、おもむろに口を開いた。あの恐しい形相から、どうしてこんな声が出るかと思われるほど美しい声である。

「有為（うい）の奥山今日越えて、
浅き夢見じ酔（え）ひもせず」

と歌うようにいい終ると、

「たったこれだけですがね、行者さん。でも、お約束だから、そろそろごちそうになりましょうかな」

といって、ぎょろりと目を光らした。

修行者は、うっとりとしてこのことばを聞き、それをくり返し口に唱えた。すると、

「生死を超越してしまえば、もう浅はかな夢も迷いもない。そこにほんとうの悟りの境地がある」

という深い意味が、かれにはっきりと浮かんだ。心は喜びでいっぱいになった。

この喜びをあまねく世に分って、人間を救わなければならないと、かれは思った。かれは、
あたりの石といわず、木の幹といわず、今のことばを書きつけた。

色はにほへど散りぬるを、
わが世たれぞ常ならむ。
有為の奥山今日越えて、

浅き夢見じ酔ひもせず。

書き終ると、かれは手近にある木に登った。そのてっぺんから身を投じて、今や羅刹の餌食（えじき）になろうというのである。

木は、枝や葉を震わせながら、修行者の心に感動するかのように見えた。修行者は、

「一言半句の教えのために、この身を捨てるわれを見よ」

と高らかにいって、ひらりと樹上から飛んだ。

とたんに、妙なる楽の音が起って、朗かに天上に響き渡った。と見れば、あの恐しい羅刹は、たちまち端厳な帝釈天（たいしゃくてん）の姿となって、修行者を空中にささげ、そうしてうやうやしく地上に安置した。

もろもろの尊者、多くの天人たちが現れて、修行者の足もとにひれ伏しながら、心から礼拝した。

この修行者こそ、ただ一すじに道を求めて止まなかった、ありし日のお釈迦（しゃか）様であった。

八　国法と大慈悲

赤穂の浪士、大石内蔵之助を始め四十余人が、亡君浅野内匠頭の仇、吉良上野介を討って、あっぱれ本望をとげたというので、江戸市中はすっかり興奮してしまった。

「感心な者だ」

「それでこそほんとうの武士である」

「まことに忠臣の鑑」

ほとんどあらゆるほめことばが、かれらに浴びせられた。

しかし、徒党を組んで天下を騒がすということは、重い罪である。かれらは、罪人としてひとまず細川越中守以下、四人の大名にお預けということになった。

「お預けになっても、きっとそのうち助命になるに違いない」

世間の人々は、だれもそう考えた。

将軍綱吉は、さすがにこの事件の始末に心を痛めた。まず役人たちに評議をさせ、また学者の意見をも徴した。すると、

「かれらは、まことに忠義の者どもである。もしこれがお仕置きになれば、今後忠義を励ます道がないであろう」

というのが、多くの人々の一致した意見であった。

こうした天下の輿論（よろん）に対して、ただ一人荻生徂徠（おぎゅうそらい）のいうところは違っていた。

「亡君の仇を報いたのは、義には相違ないが、みだりに騒動を起したのは、結局私情を以って国法を破ったのである。これを許せば、国家の政治が成り立たない」

綱吉は、元来情に動かされない人ではないが、しかし理非にも明かるい人であった。再三再四、考えた結果、

「切腹を申しつけよ」

と命じた。

天下を騒がした者は、たとえ武士でも、普通ならば打ち首である。切腹というのは、どこまでも武士の名誉を重んじた扱いであった。

だが、世間はすっかり失望してしまった。

正月が過ぎて、二月にいよいよ切腹ということがきまった。細川越中守を始め、浪士を預った大名も残念とは思いながら、こうなっては何ともしようがない。それぞれ、準備に取りかかった。

二月一日に、輪王寺宮公弁法親王が江戸城へおいでになった。綱吉は、法親王に種々御物語をしたついでに、

「政治を行う身ほどつらいものはございませぬ。浅野内匠の家来のこと、いろいろお聞き及び

でございましょうが、何とか助ける道はないかと思いましたけれども、さよう致しては政道が立ちませず、まことにせんないことでございます」

と、いかにも心ありげに申しあげた。仏の慈悲によって、助ける道でもあらばという下心であったろう。すると法親王は、

「いや、御苦心のほどお察し申します」

と仰せられただけで、やがて御退出になった。

このうわさが世間にもれて、だれいうとなく、

「法親王はおえらいお方と承っていたのに、将軍家のなぞがお解けにならなかったとは」

と、歎じる者が多かった。

すると、またこのことが法親王のお耳にはいった。法親王は左右の者に、

「あの話を、将軍から聞いた時ほど苦しいことはなかった。もとより、将軍の心はよくわかっていた。自分と

ても、かれらを法衣の袖にくるんで助けたいのは山々であるが、それはかえってかれらの心であるまい。散ればこそ、花は惜しまれるのだ。かれらをりっぱに国法に従わせるのが、仏の大慈悲であると思って、自分はわざと将軍のなぞも解かず、そのまま退出したのである」と仰せられた。

元禄十六年二月四日、大石内蔵之助ら一味の者は、いさぎよく切腹して、名を後世に輝かした。

九　母の力

元治元年九月二十五日の夜である。

あと四年で明治維新の幕が切って落されようという時だ。天下の雲行きは、ほとんど息苦しいまでに切迫している。

周防の山口では、今日も毛利侯の御前会議で、気鋭の井上聞多が、反対党を向こうにまわして、幕府に対する武備を主張した。堂々としたその議論に、反対党は、ぐうの音も出なかった。その夜である。

下男浅吉の提燈にみちびかれながら、聞多が、山口の町から湯田の自宅へ帰る途中、暗やみの中に待ち受けている怪漢があった。

「だれだ、きみは」

と、それがだしぬけに声をかける。

「井上聞多」と答えるが早いか、後に立った今一人の怪漢が、いきなり聞多の両足をつかんで、前へのめらせた。すかさず第三の男が、大刀を振るって聞多のせなかを真二つ。

それを、ふしぎにも聞多のさしていた刀が防いだ。うつ向けになった際、刀がせなかへまわっていたのである。それでも、せ骨に深くくい込む重傷であった。

気丈にも聞多は立ちあがって、刀を抜こうとした。すると、一刀がまた後頭部をみまった。更に、前から顔面を深く切り込んだ。

ほとんど無意識に、聞多はその場をうまくのがれた。あたりは真のやみである。かれらは、なおも聞多をさがしたが、もうどこにも見つからなかった。

多量の出血に、しばらくは気を失っていた聞多が、ふと見まわすと、そこはいも畠の中であった。からだ中が、なぐりつけられるように痛む。何よりも、のどがかわいてたまらない。向こうに火が見える。聞多は、そこまではって行った。それは農家のともし火であった。

「おお、井上の若旦那様。どうしてまたこれは」

驚く農夫に、やっと手まねで水を飲ませてもらった聞多は、やがて農夫たちの手で自宅へ運ばれた。

浅吉の急報によって、聞多の兄、五郎三郎は、押っ取り刀でその場へかけつけたが、もう何もあとの祭、どこにも人影はなかった。弟の姿も見えない。再び家に取って返すと、今農夫たちにかつがれて帰った弟のあさましい姿。驚き悲しむ母親。

とりあえず、医者が二人来た。しかし、聞多のからだは、血だらけ泥だらけである。医者は、ぼう然としてほとんど手のくだしようも知らない。

聞多は、もう虫の息であった。母・兄・医者の顔も、ぼっとして見分けがつかない。かろうじて一口、

「兄上」

とかすかにいった。兄の目は、涙でいっぱいである。

「おお、聞多。しっかりせい。敵はだれだ。何人いたか」

たずねられても、聞多には答える力がなかった。ただ、手まねがいう。

「介錯(かいしゃく)頼む」

兄は、涙ながらにうなずいた。どうせ助らない弟、頼みに任せてひと思いに死なせてやるのが、せめてもの慈悲だ。決然として、兄は刀を抜いた。

「待っておくれ」

それは、しぼるような母の声である。母の手は、堅く五郎三郎の袖にすがっていた。

「待っておくれ。お医者もここにいられる。たとえ治療のかいはないにしても、できるだけの手を尽くさないでは、この母の心がすみません」

「母上、こうなっては是非もございませぬ。聞多のからだには、もう一滴の血も残っていませぬぞ、手当てをしても、ただ苦しめるばかり。さあ、おはなしください」

兄は、刀を振りあげた。

その時早く、母親は、血だらけの聞多のからだをひしとだきしめた。

「さあ、切るなら、この母もろともに切っておくれ」

この子をどこまでも助けようとする母の一念に、さすが張りつめた兄の心もゆるんでしまった。

聞多の友人、所郁太郎(ところいくたろう)が、その場へかけつけた。かれは、蘭方(らんぽう)医であった。

かれは、刀のさげ緒をたすきに掛け、かいがいしく身支度をしてから、焼酎(しょうちゅう)で血だらけの傷を洗い、あり合わせの小さな畳針で傷口を縫い始めた。聞多は、痛みも感じないかのように、こんこんと眠っている。ほかの医者二人も、何くれとこの手術を手伝った。こうして、六箇所の大傷が次々に縫い合わされた。

それから幾十日、母の必死の看護と、医者の手当てとによって、ふしぎにも一命を取り止めた聞多が、当時の母の慈愛の態度を聞くや、病床にさめざめと泣いた。

「聞多、三十歳の壮年に及んで、何一つ孝行も尽くさないのに、今母上の力によって、万死に一生を得ようとは」

ほどなく明治の御代となった。昔の聞多は井上馨（かおる）として、一世に時めく人となった。従一位侯爵にのぼり、八十一歳の光栄ある長寿を終るまで、功績は高く、信望はすこぶる厚かった。

それにしても、この母の慈愛によらなかったら、三十歳の井上聞多は、山口在に非命の最期をとげたであろう。まことにありがたく尊いのは、母の力であった。

十　鎌倉（かまくら）

七里が浜の磯伝い、

稲村が崎、名将の
剣投ぜし古戦場。

極楽(ごくらく)寺坂越え行けば、
長谷(はせ)観音の堂近く、
露坐の大仏おわします。

由比(ゆい)の浜べを右に見て、
雪の下道過ぎ行けば、
八幡(はちまん)宮の御やしろ。

登るや石のきざはしの
左に高き大いちょう、
問わばや遠き世々の跡。

若宮堂の舞の袖、

しずのおだまきくり返し、
かえしし人をしのびつつ。

鎌倉宮にもうでては、
つきせぬ親王（みこ）のみうらみに、
悲憤の涙わきぬべし。

歴史は長し七百年、
興亡すべて夢に似て、
英雄墓はこけむしぬ。

建長、円覚古寺の
山門高き松風に、
昔の音やこもるらん。

十一　末広がり

大名「このあたりの大名でござる。太郎冠者あるか」

冠者「お前に」

大名「たいそう早かった。汝を呼び出したのは、余の儀ではない。明日のお客の引出物に、末広がりを出そうと思う。汝は大儀ながら京へのぼり、急いで求めてまいれ」

冠者「かしこまりました」

大名「急げ」

冠者「はっ――さてさて、それがしの主人は、立板に水を流すように、ものをいいつけられるお方じゃ。まず急いでまいろう。とかく申すうちに、これはもう都じゃ。や、うかと致した。それがしは末広がり屋を存ぜぬが、何と致そう。や、物の欲しい時は、大声に呼ばわるものと見える。それがしも呼ばわってみよう。末広がりを買おう、末広がりを買おう」

わる者「これは京に住まい致すわる者でござる。何者かは知らぬが、わいわいわめいている。ひとつ当ってみましょう――のうのう、そなたは何をわいわいわめいていられるぞ」

冠者「それがしは、田舎からまいった者でござる。末広がり屋を知らぬによって、かよう申すのでござる」

わる者　「それがしは、末広がり屋の主人でござる」

冠者　「それは仕合わせなこと。末広がりはござろうか」

わる者　「いかにも」

冠者　「急いで見せてくだされ」

わる者　「心得ました――はて、何を売ってくれようか。

や、よいことがある。

これにからかさがあるから、これを売ってやろう――のうのう、田舎の人、これじゃ」

冠者　「や、それが末広がりでござるか」

わる者　「いかにも」

冠者　「なるほど、広げれば大きな末広がりじゃ。ここに御主人の書きつけがあるによって、それに合ったらば買いましょう」

わる者　「では、お読みくだされ」

冠者「まず地紙よくとござる」

わる者「これ、地紙とはこの紙のこと。きつねの鳴くように、こんこんというほど、よく張ってござる」

冠者「骨みがき」

わる者「これ、骨みがきとはこの骨のこと。とくさをかけてみがいてあるによって、すべすべ致す」

冠者「要もとしめて」

わる者「こう広げて、この金物でじっとしめるによって、要もとしめてでござる」

冠者「さてさて、書つけに合ってうれしゅうござる。して、価はいかほどでござろうか」

わる者「高うござるぞ」

冠者「いくらほどでござるぞ」

わる者「十両でござる」

冠者「それはまた高いことじゃ。一両ばかりになりますまいか」

わる者「のう、そこな人、そのように安いものではござらぬ。売りますまい」

冠者「いや、十両のうち、一両ばかりも引いてくださらぬかというのでござる」

わる者「よろしゅうござる。売ってあげましょう」

冠者　「かたじけのうござる。さらば、さらば」

わる者　「のうのう、そなたは定めて主人持ちでござろう」

冠者　「いかにも」

わる者　「主人という者は、きげんのよいこともあり、悪いこともある。もし、きげんが悪うござったら、こうこうはやして舞われたらよかろう」

冠者　「さてさて、かたじけのうござる――まず御主人に急いでお目にかけよう。殿様ござりますか」

大名　「太郎冠者、もどったか」

冠者　「帰りました」

大名　「大儀であった。急いで見せい」

冠者　「はっ」

大名　「これは何じゃ」

冠者　「末広がりでござります」

大名　「これが」

冠者　「はあ。殿様の御合点まいらぬも道理でござります。こう致しますと、ぐっと広がります」

大名「いかにも大きな末広がりじゃ。して、あの書きつけに合わせてみたか」

冠者「合わせましたとも。お読みくだされ」

大名「まず地紙よく」

冠者「それこそ気をつけました。これ、この通り、きつねの鳴くように、こんこんというほど、よく張ってござります」

大名「骨みがきは」

冠者「これ、この骨でござります。とくさをかけてみがいてあるによって、すべすべ致します」

大名「要もとしめては」

冠者「こう広げまして、この金物でじっとしめます」

大名「やい、太郎冠者。そちは末広がりを知らぬな。末広がりとは、扇のことじゃ。おのれは古がさを買うて来て、やれ末広がりで候の、骨みがきで候のと申しおる。すさりおろう」

冠者「お許しくだされ――そういわれれば、なるほどこれは古がさじゃ。これは、へんなことになりおった。おお、そうじゃ。あれをはやして、ごきげんをなおそう。

えいえい、

かさをさすならば、
人がかさをさすならば、
おれもかさをさそうよ」

大名　「や、おのれ、買物にはまんまとだまされて、申しわけに、はやしものをするとは。いやいや、あきれたやつめ。や、これはこれは。や、これはおもしろいぞ。

げにもそうよ、
げにもそうよの。
かさをさすならば、
人がかさをさすならば、
おれもかさをさそうよ。
げにもそうよ、
げにもそうよの」

十二　菊水の流れ

桜井の駅

延元元年五月十六日、楠木正成都をたち、五百余騎にて兵庫へくだる。これを限りの合戦と思ひければ、その子正行が今年十一歳にて供したりけるを、河内へ返さんとて、桜井の駅にてさとしけるやう、

「獅子は子を産み、三日にして、数千丈の谷に投ず。その子、まことに獅子の気性あれば、はね返りて死せずといへり。いはんや汝すでに十歳に余りぬ。一言耳にとどまらば、わが教へにたがふことなかれ。今度の合戦、天下の安否と思へば、今生にて汝が顔を見んこと、これを限りと思ふなり。正成すでに討死すと聞かば、天下は尊氏がままなるべし。しかりといへども、一旦の身命を助らんために、多年の忠烈を失ひて、敵に降ることあるべからず。一族のうち、一人も生き残りてあらん間は、金剛山のほとりにたてこもり、敵寄せ来たらば、命にかけて忠を全うすべし。これぞ汝が第一の孝行なる」

とて、かたみに菊水の刀を与へて、おのおの東西へ別れけり。

湊川の戦

正成、弟正季に向かつて申しけるは、

「敵、前後をさへぎつて、御方は陣をへだてたり。今は、のがれぬところとおぼゆるぞ。いざや、まづ前なる敵を一散らし追ひまくつて、後なる敵と戦はん」

といひければ、正季、

「しかるべくおぼえ候」

とて、七百余騎を前後に立てて、大勢の中へかけ入りけり。

直義の兵ども、菊水の旗を見てよき敵なりと思ひ、取り込めてこれを討たんとしけれども、正成・正季、東より西へ破つて通り、北より南へ追ひなびけ、よき敵と見れば組み落して首を取り、取るに足らぬ敵どもは、一太刀打つてかけ散らす。正成と正季と、七たび合ひて七たび分る。その心、ひとへに直義に近づき、組んで討たんと思ふにあり。かくて直義の五十万騎、楠木が七百余騎に打ちなびけられて、須磨の方へと引き返す。

尊氏これを見て、

「新手を入れかへて、直義討たすな」

と下知しければ、吉良・石堂・高・上杉の者ども六千余騎にて、湊川の東へかけ出で、あとを突かんと取り巻きけり。正成・正季、取つて返してこの勢にかかり、打ち違へ、かけ入り、三時が間に十六度まで戦ひけるに、その勢しだいに亡びて、のちにはわづかに七十三騎となりにけり。

今はこれまでと、湊川の北に、民家の一むらありけるに走り入り、甲を脱いでその身を見れば、正成十一箇所まで傷を負ひたり。七十二人の者ども、皆五箇所、三箇所、傷を負はぬはなかりけり。

客殿に並みゐて、念仏十返ばかり同音に唱ふ。正成、座上にゐつつ、弟正季に向かひ、

「この期において、おんみの願ふところは何ぞ」

と問ひければ、正季からからと打ち笑ひ、

「七たびまで人間に生まれて、朝敵を滅さばやと存じ候」

と申す。正成、げにもうれしげなる気色にて、

「われもさやうに思ふなり。いざさらば、同じく生をかへて、この本懐を達せん」

とちぎり、兄弟ともにさし違へて、同じ枕に伏しにけり。

橋本正員・宇佐美正安・神宮寺正師・和田正隆を始めとして、一族十六人、従ふ兵五十余人思ひ思ひに並みゐて、一度に腹をぞ切つたりける。

母の教へ

正行、敵より送り来たれる父の首を見て、悲しみにたへず、ひそかに持仏堂の方へ行きけり。

母あやしと思ひ、あとより行きてやうすを見れば、正行は、父が兵庫へ向かふ時、かたみにとどめし菊水の刀を右の手に抜き持ちて、袴(はかま)の腰を押しさげ、自害せんとぞしゐたりける。母、急ぎ走り寄り、正行がかひなに取りついて、涙を流しいひけるは、

「汝、幼くとも、父の子ならば、これほどの道理に迷ふべしや。よくよく思ひても見よかし。父上、兵庫へ向かはれし時、汝を桜井より返されしは、父のあとをとぶらはせんためにもあらず、腹を切れと残されしにもあらず。われ、たとへ戦場にて命を失ふとも、汝、生き残りたらん一族どもを助け養ひ、今ひとたび軍を起し、朝敵を滅して、御代を安んじ奉れといひおかれしところなり。その遺言をつぶさに聞

きて、この母にも語りしものが、いつのほどに忘れけるぞや。かくては父の名も失ひ、君の御用にも立ちまゐらせんことあるべしとも思はれず」と、泣く泣くいさめて、抜きたる刀をうばひ取る。正行、腹も切り得ず泣き倒れ、母とともにぞ歎きける。

正行、父の遺言母の教へ、身にしみ心にしみて忘れず。そののちは、童どもと戦のまねして、「これは朝敵の首を取るなり」といひ、竹馬にむちを当てて、「これは尊氏を追ひかくるなり」などいひて、はかなき遊びにも、ただこのことのみを思ひけり。

吉野参内

正平二年十二月二十七日、楠木正行、弟正時ら一族をうちつれて、吉野の皇居に参向し、四条中納言によりて奏し奉る。

「父正成、勤皇の軍を以つて大敵を打ち破り、先皇の御心を休めまゐらせ候。しかるに、ほどなく天下また乱れ、逆臣西国より攻めのぼり候間、かねて思ひ定め候ひけるか、つひに湊川にて討死仕り候。その時、正行十一歳に相成り候ひしを、合戦の場へはともなはで、河内へ返し、生きてあらん一族を助け養ひ、朝敵を滅して御代を安んじまゐらせよと申しおきて死して候。しかるに、正行・正時、すでに壮年に及び候。このたびこそ、手を尽くして合戦仕り候はずば、父の申しし遺言にもたがひ、かひなき世のそしりをも受くべく候。もしまた病にかかり、早世仕ることも候はば、君の御ためには不忠の身となり、父のためには不孝の子ともなるべきにて候間、今こそ師直（もろなお）・師泰（もろやす）の軍に立ち向かひ、身命を尽くして合戦仕り、かれらが首を正行が手に掛けて取り候か、正行・正時が首をかれらに取らせ候か、二つのうちに戦を決すべきにて候。おそれ多くは候へども、今生にて今ひとたび、玉顔を拝し奉らんために参内仕りて候」

と申しもあへず、はらはらと涙を甲の袖に落しつつ、義心その気色にあらはれければ、中納言、いまだ奏し奉らざる先に、まづ直衣（なおし）の袖をぞぬらされける。

主上、すなはち南殿のみすを高く巻かせて、玉

顔殊にうるはしく、諸卒をみそなはし、正行を近く召したまふ。

「汝、二度の戦に勝つことを得て、敵軍の気を屈せしむ。重代の武功、返す返すも神妙なり。大敵、今勢を尽くして来たるなれば、今度の合戦は天下の安否たるべし。進むべきを知って進むは、時を失はざらんがためなり。退くべきを見て退くは、後を全うせんがためなり。朕(ちん)、汝を以つて股肱(ここう)とす。つつしんで命を全うすべし」

と仰せ出されければ、正行、頭を地につけて、とかくも申しあげず、ただこれを最後の参内と思ひ定めて退出す。

正行・正時以下、今度の合戦に一足も引かず、一つところにて討死せんと約束したりける者ども百四十三人、先皇の陵(みささぎ)に参つて御いとまを申し、如意輪堂(にょいりんどう)の壁板に、おのおの名字を書き連ねて、その末に、

かへらじとかねて思へばあづさ弓なき数にいる名をぞとどむる

と、一首の歌を書きとどめ、その日吉野をうち出でて、敵陣へとぞ向かひける。

十三　マレーを進む

密林とゴムの林が無限に続くマレーに、ただ一筋の鋪装道路が、北から南へ走っている。この道路を、わが機械化部隊が、英軍をけちらしながら、寸時の休みなく追撃する。まことに奔流のような戦車隊・車輛隊の前進である。

敵は次々に敗軍し、敗走する。敗走するにしたがって、橋という橋を片端から破壊する。橋には、前もって爆薬が仕掛けてあり、退却の際、スイッチ一つで爆破して行くのである。いかに快速を発揮する機械化部隊も、橋が落ちれば立ち往生になる。それを立ち往生させないように、わが工兵隊のすばらしい活躍が展開する。

隊長の命令一下、工兵隊は、きおいかかるように前進する。ハンマーや、シャベルや、つるはしを荷物台にしばりつけ、鉄砲をかついだ工兵が、自転車のペタルをふんで、橋梁地へかけつける。橋梁材料をぎっしり積んだトラックが、あとから、あとから追いかける。

そこには、まだ砲弾が飛びかい、敵兵が、モーターボートで川を伝いながら、工兵隊をねらい撃ちして来る。爆破された橋の上には、やっかいにも、敵のトラックや戦車がおいてきぼりになっている。橋の土台には、ごていねいにも地雷が埋設してある。このじゃま物を取り除き、この危険物を掘り出す作業が、砲弾が飛び、ねらい撃ちの銃丸が飛んで来る中で、平然と行われる。

熱帯の木材には、チークのように重いものがある。トラックから投げ出された木材を、すっぱだかの工兵が、肩でかついで運ぶのだ。

大きな槌で橋柱を打ち込む兵隊、組み立てられて行く梁にのぼって、釘やかすがいを打ち込む兵隊。みんな、汗でびしょぬれである。のどがかわくと、椰子のからを破ってその水を飲み、熟しかけのパイナップルをかじる。肩まで濁流につかって、打ち込まれる橋柱を、しっかり支えている兵隊がある。シャツ一枚で、作業を指揮する隊長がある。その上を、熱帯の太陽がかんかん照りつける。全員が、マレー人より黒く日にやけて、歯だけが妙に白い。ハンマーを振るっている兵隊の顔から、手先から、胸から、汗のしずくが、スコールのような勢ではね落ちる。からだは油光に光り、黒い肌には、田虫と汗もが一面の地図をえがいている。

ここの橋が三分の一ほどできあがったころ、もう他の一隊は、橋梁材料を肩にかついで、前線の橋へと急いでいる。ここの橋が完成し

ない以上、トラックは通じないから、すべての材料は兵隊の肩へ載せられ、砲火をおかしてのかけ足である。めざす橋のもう一つ向こうは敵前で、そこには歩兵の徒歩部隊が出ているだけである。

まだできあがらない橋のたもとには、戦車隊・野砲隊・衛生隊が、しびれを切らして待ちかまえている。そこで、橋がひとたび完成するが早いか、一時に爆音が起り、戦車・大砲・トラックが、続々と橋を乗り切って行く。工兵隊は、余った材料をトラックに積み、汗を拭うまもなく、器材と人員の点検を受けて、これもそのままトラックへ乗り込み、前進する。

こうして敵が次々に爆破して行く橋梁を、わが工兵隊は、また片端からかけ渡して、戦車を通らせ、大砲を前進させて、敵に立ちなおる余裕(よゆう)を与えないのである。この工兵隊の労苦、思えばただ頭がさがる。一言半句、不平もぐちもこぼさず、ひたすら任務を遂行する姿には、神の尊ささえ感じられるのである。

十四　静寛院宮

一

鳥羽・伏見の一戦に、徳川慶喜は、はしなくも朝敵という汚名をこうむった。すでに大政を奉還したかれに、逆心などあるべきではないが、しかし何事も時勢であった。朝臣のうちには、あくまで徳川を討たなければ、武家政治を土台からくつがえして、新日本を打ち立てることができないとする硬論がある。幕臣にはまた、三百年の旧恩を思って、主君の馬前に討死しなければ、いさぎよしとしないやたけ心がみなぎっている。かれは「慶喜討つべし」と叫び、これは「君側清むべし」といきまく。両々相打ち相激して遂に砲火を交え、しかも徳川方がもろくも敗れたのである。たとえ、慶喜に不臣の心がなかったとしても、朝敵の名をこうむるのは、けだし当然であった。

慶喜は、事のすこぶる重大なのを知って、大阪から海路江戸へ帰った。

かれは、静寛院宮に事の次第を申しあげて、切に天朝へおわびのお取り成しを願い、身は寛永寺の一院に閉じこもって、ひたすらに謹慎の意を表した。

二

静寛院宮親子内親王は、仁孝天皇の皇女、孝明天皇の御妹、明治天皇の御叔母君で、御幼名を和宮と申しあげた。宮が、御兄孝明天皇の御心を安んじ奉り、国のため民のためには、水火の中をもいとわない御覚悟で、将軍家茂に嫁ぎたもうたのは、当時から七年前のことである。しかも、この御降嫁による公武一和の望みは、ほんの束の間の夢であった。やがて長州征伐の大事が起って、家茂はその陣中に薨じ、続いて杖柱とも頼みたまう孝明天皇が崩御ましました。宮には、この両三年、御涙の乾くひまもない御身であらせられた。

三

慶喜反逆の報がいち早く江戸に達した時、宮はさすがに御憤りをお感じになったが、慶喜の言上するところを一々お聞きになるに及んで、事情止むを得なかったかれの心中をあわれみたもうた。やさしい女性の御心に、熱火が点じられた。われ、かたじけなくも皇胤に生まれたとはいえ、ひとたび嫁しては徳川の家を離れないのが女の道、徳川の家は何とかして護らなければならない。

そればかりか、追討の官軍がたちまち江戸表に押し寄せるとすれば、徳川の恩義を思う旧臣たちが、おめおめと江戸城を明け渡すはずはない。その結果、江戸市中が兵火にかかれば、百万の市民はどうなることか。徳川の家を救うことは、結局江戸百万の市民を救うことである——宮は、御心に深く決したまうところがあった。

一日、上臈(じょうろう)土御門藤子(ふじ)は、宮の御文を奉持して、東海道を西へのぼった。

官軍は、今や潮のように東へ寄せて来る。徳川の家は、まさに風前のともし火であった。この間にも、主家の難を救おうと、朝廷へ寛大の御処置を請い奉る歎願書をたずさえた関東方の使者は、櫛の歯を引くように京都へ向かったが、いずれも途中官軍に押さえられて、目的を達しない。無事京都に着くことのできたのは、宮の御使いだけであった。

四

宮の御文は、実に言々血涙の御文章であった。

「何とぞ私への御憐愍(ごれんびん)と思し召され、汚名をすすぎ、家名相立ち候よう、私身命に代え願いあげまいらせ候。是非是非官軍さし向けられ、御取りつぶしに相成り候わば、私事も、当家滅亡を見つつ長らえ居り候も残念に候まま、きっと覚悟致し候所存に候。私一命は惜しみ申さず候えども、朝敵とともに身命を捨て候事は、朝廷へ恐れ入り候事と、誠に心痛致し居り候。

心中御憐察あらせられ、願いの通り、家名のところ御憐愍あらせられ候わば、私は申すまでもなく、一門家僕の者ども、深く朝恩を仰ぎ候事と存じまいらせ候」

徳川を討たねば止まぬの硬論を持する朝臣たちも、この御文を拝見してひとしく泣いた。

徳川に対する朝議は、この時から一変した。それは全く義を立て、理を尽くし、情を述べて残るところあらせられぬ宮の御文の力であった。

五

朝敵の汚名はすすがれ、徳川の家名は断絶を免れた。旧臣たちは、ほっと安堵の胸をなでおろした。

江戸城は、官軍方の西郷隆盛、徳川方の勝安芳のわずか二回の会見で、しかも談笑のちに開城の約が成立した。

江戸市民は、兵火を免れた。そうして、幸いはただそれだけではなかった。当時、欧米の強国は、ひそかにわが国をうかがっていたのである。現にフランスは徳川方を応援し、イギリスは、薩長を通じて官軍に好意を見せようとしていた。もし、日本が官軍と朝敵とに分れて、長く戦うようにでもなったら、そのすきに乗じて、かれらは何をしたかもわからない。思えば、まことに危いことであった。

十五　シンガポール陥落の夜

この夜、
満洲国皇帝陛下は、
大本営の歴史的な発表を聞し召し、
やおら御起立、
御用掛吉岡少将に、
「吉岡、おまえもいっしょに、
日本の宮城を遥拝しよう」
と仰せられ、
うやうやしく最敬礼をあそばされた。
御目には、
御感涙の光るのさえ拝せられた。
更に、皇帝陛下は南方へ向かわせられ、
皇軍の将兵、戦没の勇士に、
しばし祈念を捧げたもうた。

深更を過ぎて、
お電話があり、
吉岡少将がふたたび参進すると、
「吉岡、今夜、おまえはねられるか。
今、日本皇室に対し奉り、
慶祝の親電を、
書き終ったところである。
あす朝早く、
打電の手続きをしてもらいたい」
と、陛下は仰せられた。
この夜、
陛下のおやすみになったのは、
午前二時とうけたまわる。

あけて二月十六日、

寒風はだえをさす満洲のあした、
皇帝陛下は、
建国神廟(しんびょう)に御参進、
天照大神の大前に、
御心ゆくまで御拝をあそばされた。

十六　もののふの情

沈むギリシャ国旗

太平洋の夜明け、遠い地平線上に、黒煙のなびくのが潜望鏡に写った。

「汽船だ」

わが潜水艦は、全速力で煙のあとを追った。

近づいて見ると、五千トンぐらいの商船だが、国旗を掲げていない。国旗を掲げない船は、撃沈してかまわないのだ。大胆(だいたん)にも浮かびあがって堂々と接近して行くと、汽船からは、するするとギリシャの国旗があがった。ギリシャは敵国である。敵船撃沈に遠慮はいらない。ぐんぐん近づくと、敵船は、もうもうと黒煙を吐いて逃げ出した。

甲板(かんぱん)で船員たちがあわてふためいているのが、手に取るように見える距離まで追いつめて、砲口をじっと向けると、敵船は急に止った。その瞬間、轟然(ごうぜん)たる響きとともに、わが潜水艦から撃ち出した砲弾は、船腹にみごと命中して、吃水(きっすい)線に穴をあけた。なおもわが潜水艦は、敵船の周囲をぐるりとまわりながら、砲撃を続けた。撃ち出す砲弾は、一発も目標をはずれない。文字通り百発百中だ。船は、ぐっと左舷に傾いた。敵の乗組員は、船を捨てて二隻のボートに乗り移った。

敵船は、左舷に傾いたまま静かに沈んで行く。わが潜水艦の甲板には、艦長を始め乗組員が、不動の姿勢で立っている。

煙突が波間にかくれて行った。横倒しになったマストに掲げられたギリシャの国旗が、朝の太陽に照らされながら、緑の波の上に光っている。その国旗も、吸い込まれるように海の中へ姿を没してしまった。

わが潜水艦の甲板からは、一時にさっと右手を挙げて、沈んで行くギリシャ国旗に、敬礼が送られた。

発射止め

真赤な太陽が、シドニー沖の海面に落ちてから、二時間もたったころであった。よい獲物はないかとさがしている潜望鏡に、あかあかと燈火をともした二本煙突の大きな客船の姿が写った。アメリカから、濠洲（ごうしゅう）へ向かう敵船に違いない。

急いで魚雷発射の準備がなされた。乗組員たちは、今か今かと発射の命令を待っていた。吸いつけられるように潜望鏡をのぞいていた艦長は、敵船の行動としては余りに大胆すぎると思って、しげしげと見た。すると、白い船体の舷側に、十字のしるしが赤く描かれている。

「発射止め」――魚雷発射の持ち場についていた勇士たちは、艦長のこの命令を意外に思った。

「敵の病院船だ。攻撃は中止する」

艦長は、潜望鏡から目を離しながらこういった。

「艦長、敵はわが病院船バイカル丸を撃沈しました。今こそ、われわれに仇を討たせてください」

涙を浮かべてくやしがる乗組員をなだめながら、艦長は、

「日本には武士道がある。武士道こそは、わが潜水艦魂なのだ。日本人は、断じて卑怯（ひきょう）なふるまいをしてはならない」

とおもむろにいった。

潜水艦は、思いきりよく攻撃態勢を捨てて、ぐるりと艦首を向けかえた。

野戦病院にて

昭和十七年二月十九日、わが陸の精鋭は、ジャワのバリ島を奇襲し、その上陸に成功した。バリ島の敵の野戦病院には、アメリカの航空将校が、白い寝床の上に横たわっていた。顔から腕、腕から胸へかけて焼けただれ、視力もほとんど失われていた。かれは、アメリカから濠洲へ派遣された四十名の航空将校の一人で、わがジャワ攻略に先立ち、濠洲からジャワのバンドンへ移り、偵察隊として出動の途中、この島に不時着して負傷したのであった。

病院がわが軍に占領されたことを知った時、この将校は、恐怖と失望とでがっかりしたようすであった。しかし、一日、二日とたつうちに、その気持はだんだんなくなって行った。

上半身にやけどをした敵の将校は、夜となく昼となく、しきりに苦痛をうったえた。目が見えない上に、手の自由もきかない。食事は子どものように一々たべさせ、包帯は日に何回となく取り代え、傷の手当てをていねいにしてやることは、並みたいていのことではなかった。しかし、二人のわが衛生兵は、代る代る徹夜して、心からしんせつに看護をしてやった。

椰子の葉越しに、窓から月の光が美しくさし込む夜であった。この敵の将校は、寝床の上に半身を起して、さめざめと泣いていた。英語の少し話せる衛生兵の一人が、片言の英語で慰め

てやると、

「私の今の身の上を悲しんで泣いているのではありません。あなたがたが、私に示されたしんせつと、あなたがた同志の友情のうるわしさに、しみじみ感じて泣いているのです。こうした温かい心は、アメリカの軍隊には決してありません。私は、日本の軍隊がつくづくうらやましくてならないのです」

といって、二人の衛生兵の手を、自由のきかない両方の手で、堅く握った。

十七　太陽

私たち人類にとって、否、すべての生物にとって、太陽ほどありがたいものがあるだろうか。太陽は、私たちに絶えず熱と光とを送ってよこす。地上のあらゆる生物は、この熱、この光のおかげで生きているのである。月は死の世界であるということを、私たちはすでに知った。太陽こそは、あらゆる生命の源泉なのである。

あらゆる生命の源泉であるだけに、それはまた実に偉大な存在である。直径凡そ百四十万キロもある一大火球だという。もちろん、こういっただけでは、ほとんど見当がつかない。月は、地球を中心として、ぐるぐる廻っている。今、かりにそのままそっくり移して、地球を太陽の中心に置くとしても、月は太陽の内部を廻るだけである。地球と月との距離が、今の約二倍なくては、月が太陽の表面を廻るわけにはいかない。また、月を直径三センチのピンポンの球、地球を十二センチのゴムまりとしてみても、太陽は直径十三メートルという大きなものになって、ちょっと手近にたとえるものが見つからない。

この大きな太陽が、私たちの住む地球から見ると、だいたい月と同じ大きさに見えるのは、いうまでもなく、太陽が月より非常に遠いところにあるからである。地球から太陽への距離は、凡そ一億五千万キロで、月への距離の約四百倍に当る。一時間四百キロの速さで飛ぶ飛行機に乗って行くとしても、ざっと四十三年かかるわけである。

これほど遠いところにありながら、太陽は、私たちに十分な熱と光とを送ってくれる。夏

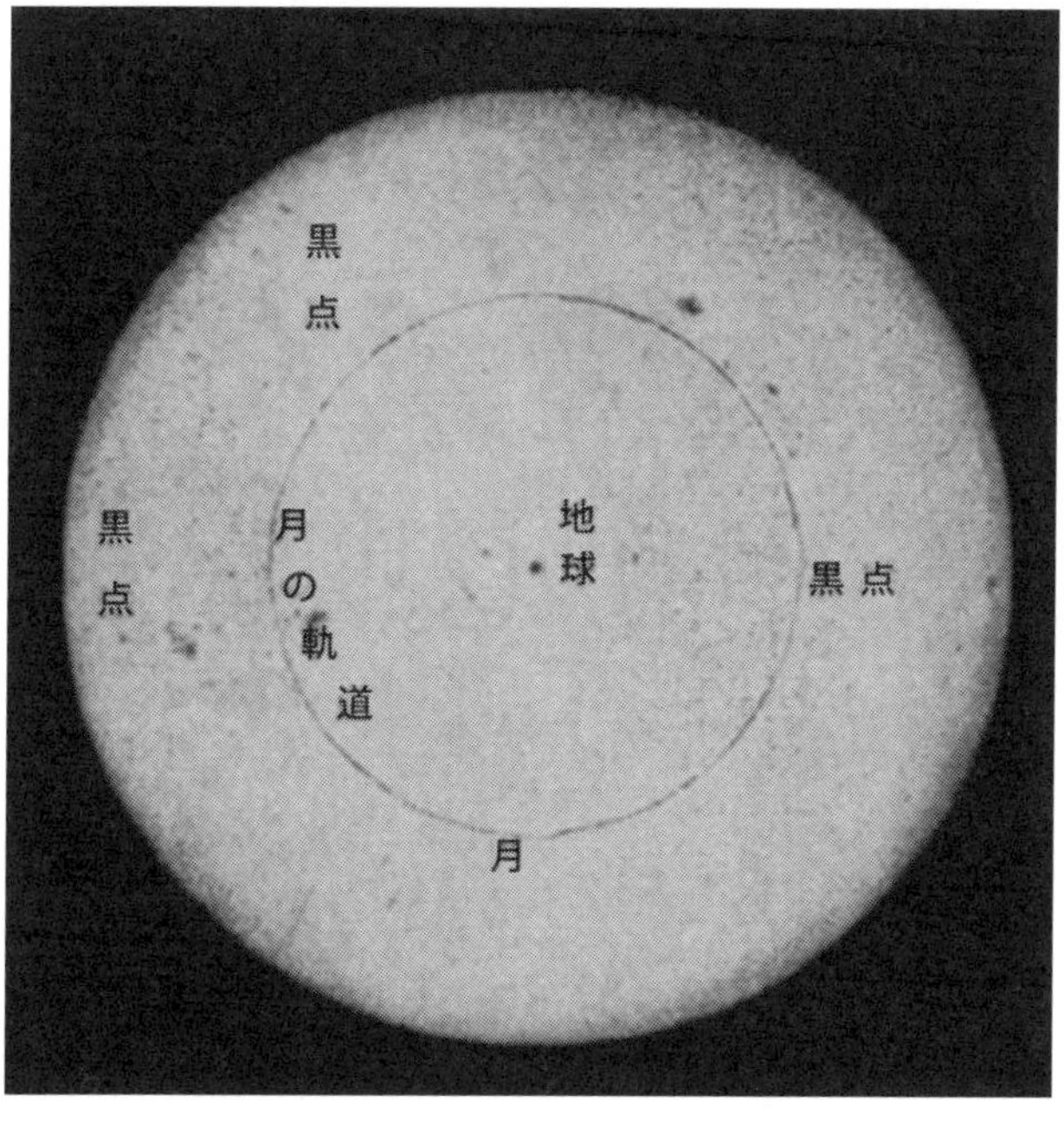

の日の暑さから考えてみてもわかるように、太陽から出る熱量は、すばらしいものである。太陽そのものの温度は、表面で約六千度、内部はもっともっと高熱である。光の強さに至っては、ほとんど普通のことばでいいあらわすことができない。これを燭光（しょっこう）であらわすと、その数は、三の次に零を二十七つけたものになる。

濃い色ガラス、または黒くいぶしたガラスを通して太陽を見ると、表面に黒いごま粒のようなものが見えることがある。それが太陽の黒点と呼ばれるもので、見たところごま粒のようだが、実は地球より大きいのがあり、時には地球の十数倍もあるのが現れることがある。黒点は、太陽の表面に起る大きなつむじ風だといわれ、その数や大きさは、凡そ十一年を周期として増減している。

太陽のような天体は、ただ一つあるだけであろうか。かりに、太陽をもっともっと遠いところで見るとすれば、結局は、あの、夜の空に銀の砂子をまいたと見える小さな星と、同じものになってしまうであろう。つまり太陽は、夜の空に無数に輝く星の一つなのであるが、われわれに近いために、特に大きく、明かるく見えるに過ぎない。広い広い宇宙には、太陽と同じような天体が、ほとんど数え切れないほど存在する。そうして、その中には、太陽より小さいもの、太陽とほぼ同じ大きさのものもあるが、また太陽の数百倍というすばらしいものがあるのである。

十八　梅が香

芭蕉（ばしょう）

梅が香にのつと日の出る山路かな
山路来て何やらゆかしすみれ草
古池やかはづとびこむ水の音

蕪村（ぶそん）

春の海ひねもすのたりのたりかな
春雨にぬれつつ屋根の手まりかな
菜の花や月は東に日は西に
富士ひとつうづみ残して若葉かな

十九　雪国の春

黒い土

濃い青空には、春の国から生まれて来たかと思われる白雲が、山の懐からぽっかり顔を出しては、見るまに大きくふくらんで、軽そうに浮いて行く。

やわらかな日ざしが、窓いっぱいに降りそそぐ。縁先の雪が、かさりかさりと、音を立てて崩れる。崩れた雪は、やがて雨落ちのみぞに解け込んで、銀の糸のようにまぶしく輝きながら、ちょろちょろと流れて行く。

風はまだうら寒い。けれども、家々の窓も障子も、いっせいにあけはなされて、どこからか、カナリヤのさえずりが朗かに聞えて来る。

庭におり立った私は、荒なわで枝をつった松の根もとに、そっと顔を出している黒い土を見つけた。もう、じっとしてはいられない。私は、その土をしっかりと握ってみた。そうして、この一握りの土に、ほのかな春の香を感じるようにさえ思った。

「ねえさん、雪の中からお人形が出て来たの」

のんきな主人に置き忘れられ、雪にうまって冬を越した人形が、それでも暖そうな顔をして、妹の小さな手にだかれていた。

「その辺をあんまり歩いちゃいけませんよ。しゃくやくや、すいせんが、雪の下で、もう目をさましているのですから」

ふしぎそうに、あたりを見まわしている妹に、ほほ笑みながら私はこういった――はちきれるような芽をもたげ、雪を割ってのび出ようとしている物の溌剌（はつらつ）たる力を想像しながら。

ふと、泥まみれの長靴をはいた弟が、せなかのあたりまで泥をはねあげて、垣に沿った小路を、とんで行くのが見えた。と、そのあとを追っかけるように、

「もういいかい」

と、これはまたたいそう明かるい声が、納屋のかげのあたりから、はずんで来た。

せり摘み

桑畠の雪もだいぶ減って、あちらこちらに黒ずんだ畠の土があらわに出ている。ずっと向こうには、川べりに並んだはんの木が目立つ。一だんと大きなはんの木の間に、かぶった白い手拭が見える。

「おかあさん」

弟が大きな声で呼んだ。立ってしばらくこちらを見ていた母が、左手をあげた。弟がかけ出した。ぼくも、弟のあとを追う。近づいてからまた弟が、

「おかあさん」

といった。

三四百メートルも走ったので、熱くてたまらない。上着を取って、はんの木の下枝に掛けた。川の少し上手に、よそのおばさんも、せっせとせりを摘んでいる。ぼくらを見てにっこりしたので、ぼくは帽子を取っておじぎをした。

清水（しみず）の流れだというこの川べりは、もうほとんど雪がなくなって、雑草が一面に芽ぐんでいる。草の芽の間から、立ちあがる水蒸気のかげもなつかしい。

いつのまにか向こう側へ行った弟は、土遊びに余念がない。母は時々弟の方を見ては、またせりを摘む。母の指先が水にはいると、川底のせりの緑も、高いはんの木の影も、ゆらゆら揺れて一つになる。

ぼくも、長靴をはいたまま、下手の浅瀬にはいった。足もとからむくむくとにごって湧きあがった水が、すぐに流れ澄んで、せりの葉並みがいっそう美しく見える。手を入れる。水は思ったより冷たかった。澄んだ水の色、川べりの黒い土、草の芽の緑――この三四箇月土を見ることのできなかった目には、皆たまらなくなつかしい。大自然は、今、春の喜びと活動に、よみがえろうとしているのだ。ぼくは、もうじき訪れる春を考えながら、あたりを見まわした。

晴れ渡った空に、とびが高く鳴いていた。

二十　国語の力

ねんねんころりよ、おころりよ、
ぼうやはよい子だ、ねんねしな。

だれでも、幼い時、母や祖母にだかれて、こうした歌を聞きながら、快い夢路にはいったことを思い出すであろう。このやさしい歌に歌われていることばこそ、わがなつかしい国語である。

君が代は千代に八千代にさざれ石のいわおとなりてこけのむすまで

この国歌を奉唱する時、われわれ日本人は、思わず襟（えり）を正して、栄えますわが皇室の万歳を心から祈り奉る。この国歌に歌われていることばも、またわが尊い国語にほかならない。

われわれが、毎日話したり、聞いたり、読んだり、書いたりすることばが国語である。われわれは、一日たりとも、国語の力をかりずに生活する日はない。われわれは、国語によって話したり、考えたり、物事を学んだりして、日本人となるのである。国語こそは、まことにわれわれわれを育て、われわれを教えてくれる大恩人なのである。

このように大切な国語であるのに、ともすれば国語の恩をわきまえず、中には国語ということさえも考えない人がある。しかし、ひとたび外国の地を踏んで、ことばの通じないところへ行くと、だれでも国語のありがたさをしみじみと感じる。こういうところで、たまたまなつかしい日本語を聞くと、まるで地獄（じごく）で仏にあった心地（ここち）がし、愛国の心が泉のように湧き起るのを感じるのである。

わが国は、神代このかた万世一系の天皇をいただき、世界にたぐいなき国体を成して、今日に進んで来たのであるが、わが国語もまた、国初以来継続して現在に及んでいる。だから、わが国語には、祖先以来の感情・精神がとけ込んでおり、そうして、それがまた今日のわれわれを結びつけて、国民として一身一体のようにならしめているのである。もし国語の力によらなかったら、われわれの心は、どんなにばらばらになることであろう。してみると、一旦緩急ある時、国を挙げて国難に赴くのも、皇国のよろこびに、国を挙げて万歳を唱えるのも、一つには国語の力があずかっているといわなければならない。

国語は、こういうように、国家・国民と離すことのできないものである。国語を忘れた国民は、国民ではないとさえいわれている。

国語を尊べ。国語を愛せよ。国語こそは、国民の魂の宿るところである。

二十一　太平洋

日本の北東から、
南西の岸へかけ、
遠くわが南洋の島々まで、
太平洋の波は、ひたひたと打ち寄せる。

北、ベーリングの荒海を巻き、
南、南極海の氷原に連なり、
アメリカ大陸に沿うてひろがる
「太平洋」――
それは、世界第一の海洋の名である。

島々は、大空の星座のごとく並び、
艦船は、魚群のごとく進み、
航空機は、燕(つばめ)のごとく渡り、

世界の電波は、
この海洋を越えて縦横に脈うつ。

かなた、熱帯の海から
流れ起る黒潮、
わが大日本の磯を洗いながら、
北上し、
東へ転じて、
遥かにアメリカの大陸をつく。

更にわが南洋から
巻き起る台風(たいふう)は、
太平洋、
南支那海、
東支那海、
日本海、

オホーツク海――
海という海、
水という水に号令して、
世界最大の波紋を描く。

黒潮と台風と、
その焦点に、
神は大八洲（おおやしま）を生み、
皇祖皇宗は国を肇めたまう。
そこに世界の原動力が力強くひそみ、
最高文化の源泉が高鳴っているのだ。

日向（ひゅうが）を船出して、
都したもうた国は大和（やまと）、
わが大日本はおおやまと、
また浦安の国であるように、

太平洋は、
皇国の鎮めによってのみ、
とこしえに「太平」の海なのである。

附録

一　熱帯の海

船は、南支那海を真直に南下して、いよいよ赤道に近づいた。

潮の色は、濃い藍から少しずつ緑に変り、日ざしもさすがに強くなった。

くっきりと晴れた行く手の空には、真白な入道雲がむっくりと首をもちあげて、船を招いている。あの雲の真下あたりが赤道であろうか——雲の白さと、空の青さと、地平線の緑とが、あざやかに対照して、まるで大きな七宝焼の置物でも見ているようだ。

波もすっかり静かになって、時々飛び魚が銀色の肌を光らしながら飛んで行く。

明日は昭南に入港する。そこから針路を北西に取って、スマトラ島の北端を廻ると、いよいよインド洋だ。太平洋に続く南支那海の潮の色と、インド洋の色とは全く違うと聞いていたが、もうこのあたりから、はっきり変りかけているのもおもしろい。緯度は北緯三度だ。このあたりは、時に気味悪いほど静かななぎが訪れる。さざ波一つ立たない、鏡のような海面をすべって行く船の跡が、いつまでたっても二本のしわを描いて、消えずに残っている。風はぴたりと死んだように止んで、地平線から浮かびあがって来る星の光までが、ぽつんとともった船のともし火のように見える。日の出などは、よく船火事と見まちがえられるほど、ぼうっと赤く、大きくもえあがって、静かな海面に写るのである。

しかし、今日は快い南西の季節風に揺られて、緑の小波はなごやかなささやきを続けている。南西の風に向かって、かすかに針路を変えたころから、左舷にまわった入道雲の頭が、そろそろあかね色に染まりかけて来た。

時計を見ると、二十時を過ぎている。

「すばらしい日の入りが見られますよ」

と、そばに立っていた船長がいった。

まったく熱帯の海の落日は、すばらしい。波の一つ一つが、大きな太陽の紅を写して、首を振り振り体操をする。初めはみんな淡紅色の旗を捧げて、歌っているかに見える。その歌声につれて、太陽はいよいよ赤く、大きくなる。すると、波どものうち振る旗も、また刻々に濃さを増して、見渡す限りの海が、真紅のきらめきにもえ立って行く。

その時、船もまた両舷にかみ出す白いしぶきを、緋色（ひいろ）のねり絹のようにひるがえして進む。赤道という文字は、あるいはこうした落日の美観をいい表すに、最もふさわしい文字かも知れない。

ところが、その雄大な美観を待ちわびているうちに、不意に雲の表情が変って来た。

頂を、あかね色に染めかけていた入道雲の足もとから、むくむくと二つ三つ、灰色の雲が湧きあがって来た。何という延びの早い雲だろう。

幾重にも輪を重ねて湧きあがったと思ううちに、太陽をさえぎり、青空を埋めて行った。わずか四五分の間に、すっかり海面を暗くしてしまった。

と思うまもなく、一際暗いその雲の中央から、縄(なわ)のすだれを掛けたような雨足が、さっとたれさがって来た。

スコールだ。

スマトラ名物の激しいスコールが、海上へのこのこと出て来たのだ。

緑の地平線は、一瞬のうちに、鉛(なまり)色に変り、その鉛色の地平線を、右に左に歩いて行くスコールの足が、はっきり見える。このスコールの足は、まるでかけるように右舷の海を渡って来る。地平線はけむり、視界は急にせまくなって、のちには、雨足も、雲も、何も

かも見えなくなってしまった。とうとう、スコールが船の上へやって来たからである。船全体が、むちでたたかれているような音を立て、話し声も、機関の音もかき消されて、目の前には、数知れぬ細引きが掛け並べられている。こんな太い雨を見たことはなかった。さすがに南洋の名物だ。

十五分余りで、スコールは東の方へ去って行った。たぶん季節風に乗って、ボルネオ見物にでも行くのであろう。船の人々は、ほっとした気持で、その雨足をじっと見送っている。再び行く手に、青空が細く割れ目を見せだした。その割れ目が静かにひろがって、深い藍色が頭の上にかぶさったころには、もう太陽は没して残光は見られなかった。涼風に吹き洗われた空には、みごとな星がいっぱいまき散らされている。南十字星は手の届きそうなところに光っており、北斗七星は北のはずれにいて、内地のありかをささやき顔にまたたいている。どの星も大きく、青く、呼べば答えるほどの近さに見える。だまって、じっと見つめていると、一つ一つの星の呼吸さえ聞えて来るようだ。このやさしい目を見張って、永遠にまたたき続けている星のおかげで、昔から、海員や船客たちは、どんなにか慰められたことであろう。

「いい星ですね。まもなく月も出ましょう」

こういいながら、船長はうっとりと空を見あげた。

「しかし、インド洋へ出ると、こんなおだやかな晩ばかりではありません。五月から八月までは、風速二十メートルぐらいの南西季節風が、時には十日も続いて高い波が立ちます。しかし、波には波の美しさがあって、非常な勢で船首に砕け散る怒濤(どとう)の中には、かえって海国に生まれ、海国に育った私たちの血潮を湧き立たせる、勇ましい調べがあります」

向かい合って話している船長の後の空と波とが、明かるさを増して来た。スコールの去った東の海から、やがて月が出て来るのであった。

二　洋上哨戒(しょうかい)飛行

整備員が思いきり帽子を振って見送ってくれる基地の朝は、まだやっと明け始めたばかりなのに、先発の各機は、もう洋上遥かに飛び出して行った。今日も、基地の上空は一面の層雲で、行く手はきっと南海特有の積乱雲が多いことであろう。

真黒に空をおおう弾幕や、いどみかかって来る敵機をものともしないわが海鷲(うみわし)にも、変りやすい天候だけはにが手である。それに、攻撃目標のない洋上哨戒の単調さは、やりきれないものがある。しかし、制海権(けん)・制空権ともにわが手に握られている大東亜海へ、一機も敵を寄せつけないためには、どんなに天候が悪かろうと、早朝から飛び出して、一日中、島影一つ見えない洋上に哨戒飛行を続けるのである。

雲が低いので、今、機は五百メートル以下の低空を飛んでいる。機上の朝食を終ったばかりなのに、ガラス窓をしめきった機内は、むれるような暑さである。

出発後一時間ばかり、やっと層雲を抜けたので、少し高度を取ったが、やっぱり暑さに変りはない。見渡す限り、大海原は白波一つ立たず、油を流したような静かさ、単調さだ。しかも搭乗員(とうじょういん)は、一瞬といえども気をゆるめてはいないのである。

「船が見えます」

と、偵察員が突然叫ぶ。なるほど、遥か左前方の地平線上に、ぽっつりと黒い船らしいものが見える。全員はたちまち配置についた。今日こそは、敵に見参したいものである。しかし近づくにつれて、その黒い物は、しだいに大きく空へひろがって行く。あれほど敵艦船であってくれと願ったのに、やっぱり雲のいたずらだったのか。

この洋上では、よくこうしたことがある。波がひどくあわ立っているので、潜水艦の潜望鏡かと、近づいて見れば、魚の群だったりする。殊に地平線上の雲の影は、容易に見わけのつかないことが多い。

昼食も終らないうちに、ものすごい積乱雲が前方に立ちふさがって来た。下は海面すれすれまで、上は五六千メートルもあろう。これを避けて北へ遠廻りをする。やっと切れめを見つけ

て、予定の哨戒線上に針路を取りもどしたと見る間に、白いすだれを掛けたようなスコールの中へ突っ込む。

スコールの中では、灰色の大きな木を押し立てたような龍巻さえ起っている。海面から巻き起って雲に達する壮観は、「天にとどく」などの形容では追っつくものでなく、これに巻き込まれたら一たまりもないのだ。

更に変針して南へ廻る。風に流される機の方向を正すため、偵察員は偏流測定器から目が離せず、コンパス・定木を手にしながら、絶えず現在の位置を海図に書き込んで行く。右へ左へ廻りながら単機で予定線上を行かなければならないだけに、この測定に寸分の誤りがあってはならない。わずかな誤差から、基地へ帰着することのできない危険さえ起る。洋上飛行の目となり、道しるべとなる偵察員の苦労は、並みたいていのことではない。

いよいよ、命令された哨戒線の果てまで来た。ぐっと機の方向を変える。ああ、今日もとうとう敵は影を見せなかった。

三　レキシントン撃沈記

南方の海は、割合いおだやかな日が続く。ハワイの西方海面を哨戒中のわが潜水艦は、今日も獲物にありつけず、潜望鏡でのぞく海面は、今落ちかかる太陽の残光を斜めに受けて、異様に輝き渡っている。

「今日も獲物はないか。また太陽が沈んで行く」

潜望鏡をおろしてから、艦長は、ひとり言をいった。だれもだまっている。艦長は、また潜望鏡をあげて、くまなく四方を偵察していたが、西の方へ向かった時、

「潜没」

と、急に元気な号令をくだした。艦は、たちまちさげかじを取って、突っ込んで行った。

「掃海艇らしいものが、こっちへ突進して来る」

艦長は、だれにいうともなくそういってから、

「発射用意」

を発令した。

「発射用意よろし」の報告があってから、艦は西へ向かって全速で突進した。また深度を少しずつ減らして行って、艦長は、潜望鏡を何秒間かちょっと出して見た。その目にうつったもの

は何であったか。意外にも、沈みかかった太陽を背景にして、斜めにこっちへ向かって走って来るレキシントンの姿であった。

さっき見た時は距離が遠かったので、レキシントンの甲板が見えず、あの変にだだっぴろい艦橋の上の方と、マストだけが見えたので、艦長は一見掃海艇と思ったのであるが、今見ると、その下の飛行甲板がはっきり見えて、その艦首のかっこうから、煙突の形から、まさしくレキシントンに違いないのである。

「獲物は大きいぞ。みんな慎重にやれ」

艦長は、いかにもうれしそうである。全艦これを聞いておどりあがった。

「よし、のがすな」

目と目はおたがいに物をいって、全員白鉢巻をきりっとしめた。できれば体当りと、艦長は心に決した。近づくに従って、敵艦の推進器の回転する音がはっきりと聞えて来る。それといっしょに、もっと軽い、巡洋艦か駆逐艦らしい推進器の音も混って来る。敵の警戒は厳重らしい。

時はよし、艦長は再び潜望鏡をあげた。何という天佑であろう。すでに太陽は没して、西の方だけが真赤に暮れ残り、その真中にくっきりと、レキシントンが大きなからだを浮かし出しているではないか。周囲は、もう暗くなっている。これなら、潜望鏡を出したまま進んでも、敵から見られるはずはない。艦長は潜望鏡を出したまま突進し、その間に、正確に敵の針路と速力を観測した。

「発射始め」

艦長の声は、全艦に響き渡った。魚雷はうなりを生じて突進して行く。多年手しおにかけた魚雷だ。行けといった時には、敵艦の胴腹深く飛び込んだぞと、毎日いって聞かせている魚雷だ。いかに機械でも、心は通じるのである。生あるもののように飛び出して行った魚雷のうなりを聞いて、発射管員は、ほっとため息をついた。

艦は急速に潜没して行く。こっちの所在を知ってか知らずか、敵の警戒艦が、ちょうど頭の上を通って行った。その気味悪い推進器の音が耳に響いて、ちょっと張りの抜けた神経を引きしめさせる。

ちょうど魚雷が走り終ったと思う時である。轟然(ごうぜん)たる爆音が、聴音(ちょうおん)機に吸い込まれて来た。二回にわたる爆音である。魚雷二本が、確かに命

中したのだ。

思わず歓声があがる。

その笑顔がまだ終らないうちに、またしても大爆音が二回、はっきりと聴音された。わが魚雷は、みごと敵艦の火薬庫か何かにくい入り、大爆音をあげて轟沈させたのであろう。

それっきり、今まで聞えていたレキシントンの推進器の音は、聞えなくなってしまった。

四　珊瑚(さんご)海の勝利

一

五月七日、十一時の昼食前である。

「わが小型航空母艦沈没す」

と、拡声器が艦内各部に報じた。くちおしさが、足の先から頭のてっぺんまで突き抜けて走る。

「今に見ろ。敵艦隊を一隻も余さず、珊瑚海の海神のごちそうに供えてやる」と、歯を食いしばった。

沈没したこの小さな母艦は、敵五十機の雷爆撃を相手に、敢然と戦いぬき、不幸にも今この厄にあったのである。

すると、今度はすばらしい勝報がやって来た。

「戦艦一隻撃沈」

やった、やった。わが勇猛果敢な海の荒鷲が、米のカリフォルニア型を撃沈したのだ。更に英の戦艦ウォースパイト型にも、大損害を与えたことがわかる。どっとあがる歓呼。うれし涙が頬を伝って流れる。

十三時三十分ごろ、わが艦隊の左後方の空を、銀翼で切って飛ぶ大編隊が見えた。みごとな編隊である。高度をさげて、ゆうゆうと近づいて来る。先頭の指揮官機の翼が、きらきら光る。銀翼に、真赤な日の丸がくっきりと浮いて、望遠鏡にうつって来た。

最初、敵の大空襲かと、戦闘配置について照準を定め、ねらい続けていた高角砲の勇士たち

は、みかた機とわかって狂気のように手を振った。たった今、戦艦カリフォルニア型と、ウォースパイト型を血祭りにあげた、殊勲輝く海の荒鷲が、大空高らかに、凱歌をあげて基地へ帰るところである。感極まり、万歳を絶叫する。

二

五月八日。くしくも第五回大詔奉戴日に当る。祖国日本の姿を思うて、血の高鳴るのを感じた。

雌雄をこの一挙に決する最後の決戦は、刻々にせまる。残敵は、今やまったく袋の中のねずみとなって、逃げようとどうあせっても、逃げられるものではない。

「敵○○機みかたに向かう」

の報があった。六時三十分ごろである。この時すでに早く、わが勇敢無比な荒鷲部隊は、決死母艦を離れ、決勝の翼をつらねて、敵航空母艦めがけて雷爆撃に向かっていた。

すわ、決戦である。世界戦史上、いまだかつてなかった航空部隊と

航空部隊との決戦である。場所は、パプアの東端から数十海里の海と空だ。時間のたつのがもどかしくてならない。

八時四十分、敵の一機が偵察に来たが、わけもなく撃退される。と、予期にたがわず、一大勝報が、電波に乗ってやって来た。

「サラトガ型撃沈」

やった。とうとうやった。われら最大の目標であった敵航空母艦サラトガ型は、かくて珊瑚海に捧げるすばらしい供え物となった。荒鷲、よくぞやってくれた。目がしらが、じいんと熱くなって来る。そこへまた敵航空母艦ヨークタウン型撃沈の勝報である。全身が勝利の喜びで震えるのを、どうともすることができない。

午後になって、わが艦隊に敵機来襲。濠洲(ごうしゅう)東岸の基地からでもやって来たのだろう。一隊は左舷から、他の一隊は遠く後方から爆撃して来たが、相変らず、とほうもない高度爆撃だ。あたるものではない。大きな水柱が、遠い海面にあがっては消えて行く。

三

この夜感激の軍艦行進曲が、遥か祖国の東京から放送されて来た。最前線の決戦場、南半球の珊瑚海で聞くラジオ放送――大本営発表である。

「航空母艦サラトガ型、ヨークタウン型二隻撃沈、戦艦カリフォルニア型一隻撃沈、戦艦ウォースパイト型一隻に大損害……」

遠く大戦果は、一億同胞（いちおくどうほう）に、いな大東亜十億の民族に、全世界に、かく放送されている。軍艦行進曲を聞きながら、われわれは、だまったまま、静かに端坐していた。

用語説明

5-1 **しろしめし**　統治なさり
中つ国　日本の国土
浦安の国　日本国の美称
細戈千足(くわしほこちたる)の国　日本国の美称
5-2 **あづまはや**　ああ、わが妻よ
5-3 **かんで**　水が激しく打ち寄せて
幣(へい)　神道の祭祀で供える布・紙
そま夫　伐採や製材に従事する者
しわぶき　咳払い
森厳　厳粛でおごそかなさま
5-8 **もやい**　船を綱でつなぎ止めること
5-10 **けしかる**　変な
かりまた　二又で内側が刃になっている鏃(やじり)
草ずり　鎧(よろい)の胴から垂れている板状の防具
御感(ぎょかん)　貴人が感心なさること
5-17 **二百十日(にひゃくとおか)**　農家の三大厄日の一つ

5-14 **砂子(すなご)**　金箔や銀箔を粉にしたもの
5-20 **重代(じゅうだい)**　先祖代々
おどし　鎧の札(さね)を糸や革で結び合わせること
6-1 **みそなわす**　ご覧になる
倹素　倹約して質素なこと
6-5 **かます**　藁むしろを二つ折りにして作った袋
きぬた　布を柔らかくするために木槌で叩く台
6-9 **伏奏(ふくそう)**　天子の前に伏して奏上すること
よみしたまい　上の者が下の者の言動を褒め
6-14 **瀬ぶみ**　足を踏み入れて水の深さを測ること
うしとら　北東
間(けん)　約一・八メートル
はせぬいて　かけぬけて
後胤(こういん)　子孫
さん候(ぞうろう)　さようでございます
助けられんずれ　助けられるのだろう
みぎは　水際
あふのけて　仰向けにして

6-17 **ひねもす**　一日中
とよもす　音をひびかせる
7-3 **くひしめし**　口にくわえてぬらし
ひが目　見誤り
大手　敵の前面を攻撃する軍勢
7-5 **さやか**　はっきりしているさま
いりあひの鐘　日暮れ時に寺でつく鐘
月のかげ　月の光
7-6 **みす**　宮殿等で用いるすだれ
7-8 **無二無三**（むにむさん）　わき目もふらず一途になること
7-9 **しりざや**　太刀の鞘を包む毛皮の袋
聞きもあへず　十分に聞きもせず
7-13 **濶葉樹**（かつようじゅ）　広葉樹
7-15 **とまや**　苫（とま）で屋根を葺いた粗末な小屋
ゆあみ　入浴
いみじき楽　すばらしい音楽
波まくら　船旅
ももひろちひろ　とても深い

かいな　腕
7-21 **あへらく**　出会っていること
8-1 **もたまほし**　持ちたい
あらまほし　ありたい
8-5 **とふ**　訪れる
8-7 **端厳**　姿が整って威厳のあるさま
8-10 **きざはし**　階段
8-11 **とくさ**　茎を煮て乾燥したものを研磨に使う
げにも　確かに
8-12 **玉顔**（ぎょくがん）　天皇のお顔
みそなはし　ご覧になり
股肱（ここう）　最も頼りになる家来
8-14 **やたけ心**　いよいよ激しく勇み立つ心
憐愍（れんびん）　情けをかけること
憐察（れんさつ）　あわれみ思いやること
8-15 **はだえ**　肌
8-18 **のつと**　ぬっと
うづみ残して　埋め残して

『初等科国語』をあらためて学びなおす意味

小名木善行（国史啓蒙家）

初等科国語の教科書をお読みいただいて、皆様はどのようにお感じになられたでしょうか。本書の底本である『初等科国語』五〜八は、戦時中の小学校五年生、六年生用の国語の教科書ですが、当時の学制（学校制度）は現代のものとだいぶ異なります。現代日本の学制は「六三三四制」といって、小学校が六年生まで、中学高校が三年、大学が四年制です。他に二年就学の短大や医学部のように六年制の大学もありますが、基本は「六三三四制」で、中学までが義務教育とされています。一方戦前戦中までは小学教育は義務とされていましたが、いまの中学の年齢からは実に様々な選択肢が用意されていました。

本書は、戦時中である昭和十八年当時の学制に基づく教科書です。この時代は義務教育と呼べるものは小学校までで、その小学校のことを「国民学校」と呼んでいました。そして「国民学校」の六年生を卒業すると、子たちは国民学校高等科に進学するか、中学校、高等女学校、男子青年学校、実業学校など、様々な進路を選択することができました。また、十二歳で国民学校六年生卒業後は、そのまま就職する児童もたくさんいました。

このような次第ですから、教師は小学校六年生までに、その子に応じた進路を見極めなければなりません。また国民学校高等科を卒業する段階でも、十四歳の児童それぞれに応じた進路をしっかりと見極める必要がありました（国民学校高等科を卒業すると、師範学校予科等への進学をすることができました）。

実はここが戦前戦中までの日本の教育と、戦後教育の最大の違いです。戦後の教育はいわばエレベーター式に単一の線路で小中高という進路が決まりますが、戦前戦中までは国民学校の卒業時までに、その子の適正に応じた進路をしっかりと教師が見極めなければならなかったのです。

一　系統学習と問題解決型学習

このため戦前戦中までの教育では「系統学習」という手法が取られていました。これは「なぜそうなるのか」を児童にしっかりと考えさせることに重きを置いた教育です。これに対し戦後の教育は「問題解決型学習」です。「系統学習」と「問題解決型学習」の二つがどのように違うのかというと、たとえば「一一九二年に鎌倉幕府が開かれた」という史実に関する学習の場合、

○問題解決型学習

（問）鎌倉幕府は何年に開かれましたか？

（答）一一九二年《正解》

○系統学習

（問）なぜ頼朝は幕府を鎌倉に開いたのですか？

（答）・・・。《正解がない》

といった違いになります。「問題解決型学習」はクイズと同じで、あらかじめ定められた答えを覚える学習ですが、「系統学習」は事物の現象について、それがなぜ起こったのかを系統立てて学習するというものでした。ですから「系統学習」に正解はありません。むしろどうしてそうなったのかを考えることに重きが置かれていたのです。なぜそのような教育がなされていたのかの理由は明白です。小学校卒業時点までにその児童の進路を教師が見極めなければならなかったからです。よく戦前戦中の物語として、進学に反対する親御さんのもとに教師が「なんとか進学させてやってもらいたい」と頼みに行ったとか、逆に「俺は小学校しか出ていないけれど、こんなに社会的な成功をおさめて、いまでは大会社の社長になっている」とかいう話を聞きます。それは教師がその子の適性を見極めて、最もその子に合った進路を提供しようと努(つと)めたことによります。系統的に学習をする過程で、たとえば「鎌倉に幕府を開くことが決まりました。そこで君は何をしたいと思いますか？」という問いがあれば、

「私は立派な将軍家の屋敷を設計したい」

「自分は幕府の組織を考えて構築したい」

「私は街づくりに働く人達に、元気の出る料理を作ってあげたい」等々、その子の持つ特性によって

子らは様々な選択を行います。教師はそうした児童ごとの傾向から、その子にあった進路を与えようとしたし、学制もまた、そうした児童たちの特性に合わせて、多くの教育機会を提供しようとしたのです。

この二つの学習方法について、「系統学習」は「系統的に配列された学習内容を順番に学習していくもの」であり、「問題解決型学習」は「生徒自らが学習問題や仮説を設定して自分の手足や頭を使ってその仮説が正しいかどうかを検証していく学習方法」などと説明されることがあります。しかし設問の系統の理解がなければ、生徒は仮説を構築することができません。つまりいくら綺麗事を言っても「問題解決型学習」は、結果として試問の答えが○か×かという二者択一型にならざるを得ないのです。このことはテストを採点する側からしてみれば、採点が容易というメリットがあります。しかし生徒の側からすれば、すべての教科がただの暗記科目になってしまうというデメリットになります。そしてこのことは、生徒の側から見た学校教育の魅力を失わせる原因のひとつになってしまっているといえます。学校があらかじめ与えられた答えを述べるだけの「問題解決型学習」に偏れば、小学校から高校大学まで、結果として同じことを「反復学習」するだけになります。そして教育はただの記憶力を試すだけのものに陥ります。

これに対し「系統学習」は、基礎としてまずルールを教師から教わります。そのルールの上に立って、設問に対して、どのような解決を見つけるかは、生徒の個性に応じて変化します。先程と少し重複しますが、鎌倉幕府なら、幕府という新体制が生まれることによって、どのような鎌倉の街づくりをしていくかなら、それは建築や土木の学習になっていきますし、どのような幕府組織を構築していくのかという設問なら、経営学の分野に、どのような財政を行うかに興味を持つ児童なら、経済学の学習へと発展し、どのように民衆のリーダーを育むかという設問に興味を抱く児童なら、民衆の模範となる師範学校への進路を目指すことになるわけです。つまり学制もまた複線型にならざるをえないのです。

そして物事を系統立てて考えるという授業は、たいへんにおもしろいし魅力的なものです。戦前戦中の子供たちが、家から小学校まで、片道六〜七キロメートルもある道のりを、雨の日も風の日も雪の日も毎日歩いて通い、農繁期等で親から学校を休まされると、学校に行けずに勉強が遅れてしまうことを泣いて悔しがったという話をお聞きになられたことがあると思います。いまなら考えられないようなことが現実に日本中で起きていたわけです。なぜそれほどまでに子供たちが学校に親しみ、また教師を尊敬したかといえば、それは教育内容が「系統学習」であったからです。

どうしてそうなるのか。なぜそうなったのか。その結果何が起きたのか。自分がその当事者なら、どのように決断をしたのか。その場合、結果はどのように変化したと考えられるか。そうしたことを系統として学ぶことは、単なる記憶力を試す詰め込み教育、問題解決型教育とくらべて、夢中になるほど楽しいものです。なぜなら人は知ることを楽しむことができる生き物だからです。そして後に述べますが「系統学習」の前提となる基本ルールが「道徳的精神と愛の心」です。

戦前の学制は、明治に入ってから欧米の学制に倣(なら)って作られたものですが、教育方法としての「系統学習」は、それ以前の江戸時代、あるいはもっとはるかに古い時代から我が国において確立され、継続されてきたものです。けれどそのことによって日本人があまりに優秀な民族になっていることを忌避したGHQは、日本の教育の内容と制度をいちどきに改革することによって日本人の劣化を促そうとしました。結果、戦後的「問題解決型教育」で育った子供たちは、あらかじめ定まった答えを解答することだけを学び、自らものを考え未来を担い創造するという思考回路を持たないようになってしまったと言われています。

もちろん入試問題については、戦前戦中も師範学校や陸海軍の予科でさえも、まずは記憶力を試す紙のテストが行われました。試験の方式自体はいまも昔も同じです。けれど試験は単なる「ふるい」にすぎず、実際の入学許可は、その後に行われる面接試問が重視されました。その面接試験も、設問に対して、その受験生がどのように考えるのか、自分ならどうするのか、どのように解決すべきと考えるのかといった、その生徒の物事の捉え方や捉え方の方向性を発見することに注力されたのです。

ところが戦後は「問題解決型教育」ですから、面接よりも試験結果そのものに重点が置かれるようになりました。このため学校よりも進学塾の需要が増し、また系統を必要としない、ただの詰め込み教育は教師側の負担を軽減しましたから、その分、詰め込まれる事柄だけが、やたらと増えていきました。これがあまりにも行き過ぎたための反動となったのが「ゆとり教育」です。これは行き過ぎた詰め込み内容を軽減するという措置でした。そうなればなったで、生徒たちの学力が明らかに低下しました。

そこで中山成彬文部科学大臣のときに、教育内容を抜本的に見直し、あらためて「系統学習」を復活させようという動きが始まりましたが、驚いたことに戦後の教育界は、「それは単に詰め込み量を増やすだけのものへの回帰である」として露骨な反対運動を展開しました。いまなお「ゆとり教育の見直しによって、教科書のページ数が増え、重量が重くなった」と、まったく意味不明の反対運動が展開され続けていますが、それらは露骨な「論点のすり替え」にすぎないものです。

振り返ってみればわかりますが、戦前戦中までの「系統学習」の時代の教科書は決して分厚いものではありません。過去の日本の教育が、覚えることを最小限にし、そこから何を得るか、どう捉えるかを重視した教育であったことは、日本の教育が世界の先端を走っていた時代の教科書が、驚くほど小さくて薄かったことを考えれば、あまりにも明らかなことです。

不思議なことに、今の時代では、高い教育を受けたはずの若者が実社会で通用せず、むしろ学生時代に成績の悪かった子が、実社会で大成するケースが多いといわれています。もっといえば、先の大戦で戦勝国となった欧米では、日本人がなぜ優秀で、あれほどまでに強かったのかを徹底的に解析した結果、いまではすっかりかつての日本式の教育手法を取り入れているといいます。残念なことにいまだに目覚めていないのは、日本人と日本の教育界と政治だけかもしれません。

二　初等科国語教育の基本精神

国民学校令施行規則の第四条には、「国民科国語は日常の国語を習得せしめ、その理会力と発表力とを養い国民的思考と感動を通じて国民精神を涵養するものとす」という記述があります。この短い言葉の中に戦前戦中までの我が国の国語指導の範囲、方法、目的の三者が要約されています。

まず「日常の国語」とは、日常生活に使用する国語という意味です。特殊・専門・高尚な国語に対する、国民学校国語教育の範囲が示されています。そのための教科書の基本的な編集方針が「国民的思考と感動」です。そしてこれを行う目的が「国民精神の涵養」です。

では「国民的精神」とはどのようなものであるかというと、これは当時の国民科教科書の指導要綱で述べられた言葉を借りれば「道徳的判断と実践の能力」であり、「郷土ならびに国体への愛の念い」です。もっと簡単にまとめるなら「道徳的精神と愛の心の涵養」です。国語は単に思想発表の道具ではありません。国語は国民的思考や感動の結晶体です。国民の思想や精神と不可分の関係にあるものなのです。そしてそれら思想や精神は、常に根幹に「愛」がなければならないと指導要綱は述べているのです。

実際、本書において紹介されている初等科国語五〜八を見れば、いずれも最初の第一章は歌から始まっています。

初等科国語「五」は、大八洲の詩、

初等科国語「六」は、明治神宮の参拝と明治天皇・昭憲皇太后の御在世中の大御歌と御歌、

初等科国語「七」は、「黒龍江の解氷」という詩、

初等科国語「八」もまた明治天皇、大正天皇の御製と昭憲皇太后の御歌です。

詩も和歌も声に出して朗読朗詠するものです。その言葉には、とても美しい響きがあります。まさに国語教育が国民精神の根幹に「愛」を育もうとしていることが、この一点を持っても明らかです。

㈠　初等科国語「五」

初等科国語「五」は、大八洲の詩にはじまり、次いで日本武尊の妻であられた弟橘媛の入水、次いで木曽の御料林を通じて天武天皇、持統天皇の御代から続く伊勢神宮の式年遷宮と、式年遷宮に際しての織田信長による木曽のヒノキの献上の物語等が語られています。こうして神々への感謝と、緑の樹木を大切にする心が養われたわけです。

そして続けて当時の日本が戦時中であったことに鑑みて、戦地の父からの手紙、そしてマレー半島にあるスレンバンの日本人とインド人の混血の少女の悲しい母との別れとその後の活躍の物語、さらに支那の戦線の模様までが述べられたあと、ことばと文字の関係についてが語られています。そしてその中で「いくら美しい文字で文を書いても、うそいつわりの心持ちを書いたのでは、だれも感心して読まない」と語られます。「りっぱな心持ちが正しいことばで書かれてあれば、その文を読む人々が心から感動するように、真心を正しい言葉で話せば、聞く人たちは喜んでいつまでもその話に耳を傾けます」と述べられています。以下、感動の物語が続きます。果たしてこれらの物語は、単に文法を学んだり、あるいは「それ」が何を指しているかを問うための文章なのでしょうか。違うと思います。ひとつひとつの物語が、ひとつの系統をなしながら、生徒たちの心に愛を育む、そういう構成になっているし、そのことを美しいことば、美しい文章で、たからかに歌い上げているのが、この初等科国語「五」の教科書です。

(二) 初等科国語「六」

初等科国語「六」では、はじめに「民やすかれ」と祈る大御心が示されたあと、戦時中であった世相を反映して水兵の母の手紙、そして「姿なき入城」から、近代戦では昔のような個の武勲ではなく、あくまで集団戦で戦いが行われることが示されます。そのうえで心を鬼にして人々を助ける「稲むらの火」の物語が紹介されます。この物語は、海浜地区における地震の後からくる津波のおそろしさを伝える物語で、これが義務教育内で教えられることによって、実は戦後もこの教育を受けた人たちの命を大津波から守りました。スマトラ地震のとき、見舞いに向かった総理に、スマトラの大統領が「日本では『稲むらの火』という物語を学校で教えていて、人々を津波から守っているのは素晴らしい」と述べたけれど、時の総理はそれが何を言っているのかわからなかったという逸話があるくらい、戦後は教科書から消えてしまった物語ですが、自然災害の多い日本にあって、とても残念なことに思います。

戦争の話から始まった初等科国語「六」ですが、「稲むらの火」以降は、朝鮮半島の暮らしの話や、月の話、焼き物の話など、情感を伝える物語が続き、そのあと、再び戦争の話が続きます。けれどもその戦争の話は、単に勝ったとか勝利したとかいう話のみではなく、源氏と平家の合戦に際しての熊(くま)

谷次郎直実と、まだ少年だった平敦盛の物語や、強者として有名な平教経の物語、を配置することで、激しい戦いの中にあっても日本人が決して忘れてはならない武士道精神が語られています。十九の「病院船」の話では、きっとみなさんも涙をにじませられたことと思います。

初等科国語「六」をお読みいただくと、当時の教科書がまさに「道徳的精神と愛の心の涵養」のために書かれたものであることをご理解いただけるものと思います。

(三) 初等科国語「七・八」

初等科国語「七」は、満洲の黒龍江の話から始まり、北白川宮永久王の悲しい物語が続きます。そして次の「御旗の影」ではそうしたご皇族のために一命を賭した新田義貞の物語を紹介したうえで、敬語について語られ、源氏物語、お嫁入りする姉の物語、さらに空に浮かぶ雲や花の物語が続き、クラシック音楽の話、生け花の話などが紹介されています。ここでもやはり国語の教科書を通じて「愛」がひとつのテーマとなっていることを感じ取っていただけたものと思います。こうした姿勢は、次の初等科国語「八」も同じです。

本書でご紹介したそれぞれの教科書の物語は、決して巷間言われるような軍国主義に傾斜したものでもなければ、価値観を強要したものでもありません。そこにあるのは「愛の心の涵養」であり、その愛が、いかなるときにおいても道徳的精神によってもたらされるものであることが、繰り返し述べられているのです。

近年の国語教育では「思考力、判断力、表現力の育成」などが教育目標として掲げられていますが、思考も判断も表現も、その前提となる価値観によってもたらされるものです。それを言うと「子供に価値観を強要するのはけしからん」と言われますが、価値観に歪みがあれば、思考も判断も表現もまったく別なものになります。

ひとつの例えがあります。ある日銀行の窓口に強盗がやってきて、窓口のお姉さんに銃を突きつけて「カネを出せ」と言ってきた。するとそのお姉さん、「あなたのためにお金を出すのだから、私にも分け前をちょうだい」。

価値観がお金儲けにあるのなら、このお姉さんの対応が正解ということになります。けれど普通の日本人なら、このような対応は許されないし馬鹿げていると思うはずです。なぜなら道徳的でないし、愛のカケラもないからです。判断や対応には、その前提として、何をもって価値とするのか、何をもって美しいとするのかという道徳的価値観が先ず存在していなければならないのです。

三　国語教科書を学ぶ意義

私達がかつての国語教科書を学ぶ意義も、まさにそこにあると思います。それは何が正しいのかという正邪の議論ではありません。そうした正邪を論ずるよりも以前の、私たち自身が日本人であること、道徳心を大切にする社会に身を置いていることを学ぶということです。

ここでもひとつの例を申し上げます。平安時代の初期に書かれた『新撰姓氏録』という書があります。その時代に畿内にあったおよそ千二百の豪族の家系を先祖までさかのぼって詳しく調べた書です。この書によると、それら千二百の豪族の家系は、それぞれ皇別、神別、蛮夷の三種に分かれます。皇別はご皇室の末裔です。神別は天児屋根命を祖先に持つ藤原氏のように、八百万の神々を祖先に持つ家系です。蛮夷は外国からやってきて日本に帰化した家系です。

おもしろいことにこの三つは、ちょうど三分の一ずつに分かれています。つまり平安初期において、すくなくとも畿内では三分の一が外国からの帰化人だったのです。帰化というのは帰るところを日本に化えた人々を意味する言葉です。外国からやってきた人たちは、それぞれ自分のもとの母国の文化を引きずるものですが、日本はそんな外国からの帰化人が人口の三分の一もいながら、その後に平安中期の爛熟した平和な文化を築き上げています。この時代に誕生したのが源氏物語の紫式部であり、枕草子の清少納言、和泉式部日記の和泉式部等々です。平安中期は、女性たちが輝いた時代と言われますが、女性が輝く時代というのは、必ず平和な時代でなければなりません。このことは、戦乱の続いた先の大戦中、女性たちが化粧などもってのほかとされ、モンペ姿の国民服だけで過ごさなければならなかったことを考えれば、すぐにご理解いただけることです。

昨今では一億二千万人の日本の人口の中の、ほんの数パーセントの人たちによって日本が乗っ取られるのではないかとまで言われるようになりました。しかし日本人自身がしっかりとした日本人としての自覚と誇り、道徳的価値観と日本的な愛の心を持つことで、外国人が三分の一あっても、日本が微動だにしない、むしろ素晴らしい文化香る国が築けたという歴史を、私たちは過去の実例として持っています。その自覚と誇りと、道徳的価値観に基づく愛の心を取り戻すために、いまこそ、私たちは戦前戦中に実際に用いられていた国語教科書をあらためて学びなおす意味があるのだと思います。

昭和十七年十二月十九日印刷
昭和十七年十二月廿一日發行
昭和十七年十二月廿一日翻刻印刷
昭和十八年一月廿三日翻刻發行

本卷挿入ノ寫眞・地圖ハ昭和十七年十二月陸軍省海軍省ト協議濟

初等科國語五

新 定價金貳拾七錢

か

著作權所有

著作兼發行者　文部省

翻刻發行兼印刷者　東京都王子區堀船町一丁目八百五十七番地
東京書籍株式會社
代表者　井上源之丞

印刷所　東京都王子區堀船町一丁目八百五十七番地
東京書籍株式會社工場

昭和十七年十二月廿二日
文部省檢査濟

發行所　東京書籍株式會社

『初等科国語』について

『初等科国語』は、昭和十六年に小学校令を改正して施行された「国民学校令」に基づき、第五期の国定教科書として刊行された。『初等科国語』は一〜八の通巻で、それぞれ国民学校三年生から六年生までを対象とした。本書はその『初等科国語五〜八』を底本としている。

なお、国民学校一年生は『ヨミカター、二』『コトバノオケイコー、二』、二年生は『よみかた一、二』『ことばのおけいこ一、二』をそれぞれ用いた。

しかし終戦後、昭和二十年九月二十日付文部次官通牒「終戦ニ伴フ教科用図書取扱方ニ関スル件」で教科書の墨塗りが行われ、「修身」「国史」「地理」のように授業そのものがなくなることはなかったものの、昭和二十一年度からは、戦争や神話に関する章を削除し、新たな章を追加した暫定国語教科書が使われることになった。

編集協力：和中光次

［復刻版］初等科国語［高学年版］

令和2年8月7日　第1刷発行
令和5年1月26日　第2刷発行

著　者　文部省
発行者　日高 裕明
発　行　株式会社ハート出版

〒171-0014 東京都豊島区池袋 3-9-23
TEL03-3590-6077　FAX03-3590-6078
ハート出版ホームページ　https://www.810.co.jp

Printed in Japan　ISBN978-4-8024-0102-9

印刷・製本 中央精版印刷株式会社

［復刻版］初等科国史

GHQに廃止された「我が国最後の国史教科書」

三浦小太郎 解説　矢作直樹 推薦

ISBN978-4-8024-0084-8　本体 1800 円

［復刻版］高等科国史

未使用・未刊行　世に出ることのなかった“幻の教科書”

三浦小太郎 解説

ISBN978-4-8024-0111-1　本体 1800 円

［復刻版］初等科修身［中・高学年版］

GHQが葬った《禁断》の教科書

矢作直樹 解説・推薦

ISBN978-4-8024-0094-7　本体 1800 円

［復刻版］初等科国語［中学年版］

日本語の美しい響きと力強さだけでなく、大切な道徳心も学べる国語教科書

葛城奈海 解説　矢作直樹 推薦

ISBN978-4-8024-0103-6　本体 2000 円

［復刻版］初等科地理

ご先祖が学んだ我が国と大東亜の“地政学”

宮崎正弘 解説　矢作直樹 推薦

ISBN978-4-8024-0123-4　本体 1700 円

［復刻版］中等歴史 東亜及び世界篇〈東洋史・西洋史〉

戦前戦中の日本から見た、目からウロコの「世界史」

三浦小太郎 解説

ISBN978-4-8024-0133-3　本体 1700 円

［復刻版］国民礼法

令和の日本人にとっても有用な礼儀作法の参考書

竹内久美子 解説

ISBN978-4-8024-0143-2　本体 1400 円